금리는 경제의
미래를 알고 있다

금리를 알면 돈의 흐름이 보인다

금리는 경제의 미래를 알고 있다

박종연 지음

원앤원북스

저자는 채권시장에서의 현장 경험과 판단을 바탕으로 우리 경제의 어려운 문제들에 대한 고뇌를 이 책에 담았다. 그는 금리가 동행 또는 후행지표가 아니라 경제의 미래 모습을 보여주는 선행지표임을 밝히고, 현재의 금리를 통해 보는 우리 경제의 미래가 어둡다고 말하고 있다. 나아가 어떻게 하면 미래에 적응하고 대책을 세울 수 있을지에 대한 방향을 제시한다. 이 책은 통화 정책을 수행하는 사람뿐 아니라 일반 독자들에게도 많은 도움이 될 것이다.

박승_전(前) 한국은행 총재

금리만 잘 알면 경제공부는 다했다고 해도 과언이 아니다. 금리에는 현재뿐 아니라 미래의 실물 경제와 금융시장이 전부 담겨 있기 때문이다. 이 책은 금리의 본질과 채권시장의 속성에 대해 그 어떤 책보다 자세히 분석하고 있다. 특히 수년 동안 베스트 애널리스트로서 명성을 쌓은 저자가 책 중간중간에 삽입한 채권시장에 대한 정리는 학생들에게도 매우 유용한 참고서가 될 것이다. 또한 저자의 주장대로 금리의 움직임에 주목하는 것은 미래를 현명하게 대비하는 지침이 될 것이다.

김영익_서강대학교 경제학부 교수

방송에서 '채권시장의 저격수'라는 닉네임을 가지고 있는 저자는 국내외 거시경제와 통화 정책에 대한 날카로운 분석과 함께 때때로 중앙은행에 날선 비판을 가한다. 그가 내놓은 이번 책에는 금리에 대한 통찰력과 함께 '마이너스 금리 채권과 글로벌 통화 정책'에 대한 심도 있는 전망이 포함되어 있다. 늘 자기 소신을 가지고 명쾌한 분석을 하는 저자의 견해가 독자들에게도 잘 전달될 것이라고 믿는다.

한상완_현대경제연구원 본부장

모든 투자에서 금리는 중요한 변수 중 하나다. 특히 주식시장에서 국내외 금리 변화의 중요성은 더욱 커질 것이다. 이 책은 투자자가 꼭 알아야 할 금리 지식과 함께 금리에 반영된 향후 국내외 경제전망이 담겨 있어서, 주식투자자뿐 아니라 자산관리에 관심이 많은 사람에게도 좋은 길라잡이가 될 것이다.

김광진_가수 겸 금융인

일반적으로 내외금리차가 축소되면 자금 이탈을 우려하지만, 지난 2001년 이후에는 오히려 내외금리차가 확대될 때 달러 강세가 출현한 경우가 많았다. 이처럼 종종 이론과 현실이 엇갈리는 상황에서 이 책은 금리와 외환시장과의 관계를 사이다처럼 시원하게 정리해준다. 다소 어려운 용어들도 있지만, 책을 처음부터 차근차근 읽어나간다면 쉽게 이해할 수 있을 것이다. 특히 조삼모사 이야기를 통해 풀어낸 '돈의 시간가치' 개념은 재치가 넘친다. 부디 많은 독자들이 이 책에서 금리와 외환시장에 대한 정확한 정보를 얻어 잘못된 상식에서 벗어날 수 있기를 바란다.

홍춘욱_경제학자 및 『환율의 미래』 저자

『금리는 경제의 미래를 알고 있다』 개정판을 출간하며

이 책을 처음 출판한 때가 2016년 9월이었으니, 벌써 2년이 넘는 시간이 훌쩍 흘렀다. 당시에는 전 세계적으로 디플레이션과 마이너스 금리의 공포가 지배하던 때였고, 필자 역시 금리에 반영된 미래가 저성장과 저금리 기조로 이어지는 매우 어두운 상황이라고 전망했다.

하지만 2016년 11월 9일, 예상을 깨고 트럼프 대통령이 당선된 이후 미국이 공격적인 재정 확대와 감세 정책을 펴면서, 미국채 금리를 중심으로 글로벌 금리가 가파른 상승세로 전환되었다. 이후 세계경제는 미국의 확장적인 재정 정책에 따른 고성장에 힘입어 2년여 동안 회복 국면을 누렸다. 당시 금리에 반영된 미래는 매우 암울했지만, 결과는 우려와 달리 경기가 바닥을 찍고 회복세를 보인 것이다.

혹자는 경제전망은 역시 믿을 것이 못 된다고 비웃을 수도 있다. 더욱이 후행변수로 인식되는 금리로 미래를 예측한다는 것이 애초부터 어리석은 일이었다고 비판할 수도 있을 것이다. 하지만 전망이란 지금까지 입수한 정보를 토대로 여러 가정을 전제해 제시하는 것이고, 실제 미래의 모습은 정해진 것이 아니라 전제한 가정의 변화에 따라 얼마든지 달라질 수 있다.

더욱이 경제전망이 한쪽으로 쏠릴수록 그에 상응하는 적극적인 정책 대응이 나오기 때문에 실제 미래의 모습은 전망과 달라지는 경우가 빈번하게 발생한다. 2016년 말 당시에도 경제 정책을 담당했던 이들이 금리가 말하는 어두운 경제전망에 귀를 기울였기에 그에 상응하는 공격적인 재정 확대 정책을 폈고, 결과적으로 이것이 경기 반등을 이끌어냈다고 볼 수 있다.

이처럼 우리가 금리가 말하는 미래에 귀를 기울여야 하는 이유는 현재 금리에 투영된 경제의 미래를 제대로 알고 있어야 이에 상응하는 대책을 세우고 부정적인 전망을 피해갈 수 있기 때문이다. 미래는 확정된 것이 아니라 과거와 현재의 움직임이 누적되어 만들어지는 결과물이다. 금리가 말하는 미래 역시 바뀔 수 없는 것이 아니라, 현재 상황이 지속될 경우의 미래 모습을 하나의 시나리오 형태로 보여주는 것으로 인식해야 한다.

그런 의미에서 최근 미국채 시장에서 다시 나타나고 있는 일부 구간의 장단기 금리 차 역전은 향후 경기침체 가능성을 경고한다는 점에서 주의를 기울여야 한다. 2015년 12월을 기점으로 미 연준(연방준비제도이사회)은 기준금리를 인상하기 시작해 어느새 기준금리가 2.25~2.50% 수준에 이르렀다. 그동안의 금리 인상이 바야흐로 경제에 부담을 주기 시작한 것으로 여겨진다.

이제 다시 선택의 시간이다. 금리에 투영된 경기침체 신호를 무시할 것인지, 아니면 이를 심각하게 받아들이고 정책적인 대응을 할 것인지에 따라 경제의 미래는 좌우될 것이다. 2018년 12월 FOMC(연방공개시장위원회) 때까지만 하더라도 긴축적인 스탠스를 보였던 미 연준이 2019년 들어서는 추가 금리 인상에 신중한 모습으로 바뀌었다는 점에서 일단은 연준도 금리가 보내는 신호에 귀를 기울이기 시작한 것으로 보인다.

그래서 이번 개정판에서는 최신 경제 상황을 반영함과 동시에 다음의 3가지 질문에 초점을 맞추려고 노력했다. 첫째, 금리가 무엇이기에 경제의 미래를 반영할 수 있는가? 둘째, 금리에 반영된 미래를 어떻게 해석할 수 있는가? 셋째, 금리가 말하는 미래에 어떻게 대응해야 하는가?

이러한 질문에 답하기 위해 본 개정판은 다음과 같이 구성했다. 먼저 1장에서는 금리가 2008년 금융위기를 예고했던 사례를 이야기하고, 2장에서는 금리가 결정되는 메커니즘에 대해 살펴본다. 그리고 나서 3장에서는 각각의 금리가 서로 다르게 움직이면서 만들어내는 금리 스프레드의 변화가 어떻게 미래를 예견하는지를 설명할 것이다.

4장에서는 한때 논란이 되었던 마이너스 금리 채권의 본질과 지속 여부에 대해 살펴보고, 5장과 6장에서는 현재 금리가 말하는 미래의 모습을 세계경제와 한국경제로 나누어 전망해본다.

그리고 마지막으로 7장에서는 우리가 미래에 어떻게 대응해야 하는지 현실적인 방법들을 제시하고자 한다.

옛말에 "Hope for the best. Be ready for the worst!"라는 말이 있다. 최선을 바라되 최악에 대해 준비하는 것이 현명하다는 뜻이다. 비록 현재 금리에 반영된 미래 경제의 모습은 암울하지만, 이것이 한편으로 새로운 정책 대응을 유도하는 계기가 된다면 미래 경제에도 희망적인 변화가 생길 것으로 믿는다.

지난 2년여 동안 필자에게도 많은 변화가 있었다. 먼저 2005년 이후 12년 동안 몸담았던 증권사 애널리스트직을 내려놓고, 이제는 보험사에서 직접 주식과 채권 등 유가증권 운용을 책임지는 증권운용부장으로 자리를 옮겼다. 또한 2019년부터는 대학에서 학생들을 가르치게 되어 오랜 꿈을 이루게 되었다. 최근에는 '경제와 춤을 TV'라는 유튜브 채널까지 개설해 바쁜 나날을 보내고 있다. 이 모든 것들이 더 나은 미래를 만들기 위한 끊임없는 노력에서 비롯된 것이었음을 밝히고 싶다.

끝으로 이 책을 발간하기까지 많은 도움을 주신 분들에게 감사의 마음을 전하고 싶다. 먼저 몸소 소통하는 리더십으로 회사를 이끌어주시는 IBK연금보험 장주성 사장님, 업계 최고의 자산운용 성과를 위해 애쓰시는 안태일 본부장님, 그리고 환상적인 팀워크로 똘똘 뭉친 우리 증권운용부 박세규 과장, 이재민 과장, 이창희 대리에게 지면을 빌어 감사를 표한다. 마지막으로 항상 힘이 되어주는 가족들과 박용재, 박용우 두 아들에게 사랑한다는 말을 전하고 싶다.

2019년 3월

펀드매니저 박종연

차례

1장

금리는
2008년 금융위기를
알고 있었다

지난 2004년 6월, 미국에서는 앨런 그린스펀 의장이 이끄는 연방준비제도이사회(Federal Reserve Board)가 기준금리를 인상하기 시작했으나, 채권시장에서는 장기 국채 금리가 오히려 하락하는 수수께끼 같은 현상이 벌어졌다. 당시 대부분의 경제학자들은 이러한 현상을 해외 중앙은행의 미국채 수요가 증가해 나타난 수급문제로 치부했으나, 채권시장에서는 장단기 스프레드 축소가 전통적으로 경기침체를 예고하는 것이라고 경고했다. 미 연준의 금리 인상이 지속되면서 급기야 2006년 하반기에는 미국채 10년 금리가 기준금리를 밑도는 이상 현상이 벌어졌으며, 얼마 후 주택시장 침체에 따른 서브프라임 부실화로 2008년 금융위기가 발생했다. 어쩌면 금리는 이미 모든 것을 알고 있지 않았을까?

금리는
2008년 금융위기를
알고 있었다

2004년 6월, 월가의 어느 채권 매니저 이야기

2004년 6월 30일 오후 1시 59분, 스티븐은 키보드에 손
가락을 얹고 모니터를 응시하고 있었다. 1분 뒤 오후 2시
정각이 되자 블룸버그(bloomberg) 단말기에서 긴급 뉴스가
타전되었다. "25bp rate hike(25bp 금리 인상)!" 마침내 앨런
그린스펀(Alan Greenspan) FRB(연방준비제도이사회, 이하 미 연
준) 의장이 이끄는 FOMC(연방공개시장위원회)가 2000년 5월
이후 4년여 만에 처음으로 기준금리를 1.00%에서 1.25%
로 인상한 것이었다.

스티븐은 재빨리 '미국채 10년물 4.65% 5천만 달러 매

bp

basis point의 약자로 0.01
%p의 변화를 의미한다.

FRB

Federal Reserve Board
의 약자로 연방준비제도
이사회를 말한다. 12개의
연방준비은행들을 총괄하
는 미국의 중앙은행인 미
국연방준비제도(Federal
Reserve System)의 중추 기
관이다.

FOMC

Federal Open Market
Committee의 약자로 연방
공개시장위원회를 말한다.
7명의 FRB 이사진과 뉴욕
연방은행 총재 외 4명의
연방은행 총재가 교대로
의결권을 행사하는 회의체
로서 주요 통화 정책을 결
정한다.

기준금리

금리체계의 기준이 되는 금
리로, 중앙은행이 정한다.

브로커

채권시장은 장외거래의 비중이 높으며, '채권 브로커'로 일컫는 중개인을 통해 많은 거래가 이루어진다.

매도포지션

주식·채권 등 유가증권과 통화에 대해 향후 가격이 하락할 것에 배팅해놓은 상태를 말한다.

포트폴리오

위험을 줄이고 투자 수익을 극대화하기 위해 여러 종목에 분산 투자해놓은 것을 말한다.

도'라고 쓰여 있는 채팅창에 엔터키를 눌렀다. 스티븐은 매도 주문이 조금이라도 늦을까봐 이미 담당 브로커와의 채팅창에 주문 내용을 입력해놓았다. 월 스트리트의 한 자산운용사에서 50억 달러 규모의 채권형 펀드를 운용하는 스티븐은 채권운용만 10년 넘게 한 베테랑 매니저다. 그는 지난 6월 초부터 미 연준의 금리 인상에 대비해 계속해서 매도포지션을 쌓아오고 있었다.

어느새 시간이 흘러 2시 30분이 되자 앨런 그린스펀 의장이 기자간담회장에 모습을 드러냈다. 그의 표정은 무덤덤했지만, 동그란 안경 너머의 눈빛은 매우 반짝거렸다. 그린스펀은 시종일관 자신감이 넘치는 어조로 미국경제가 금리 인상을 시작할 정도로 완연한 회복세에 접어들었다고 설명했다. 더불어 향후 미 연준은 "기준금리를 점진적으로(measured pace) 인상"할 것임을 시사했다.

스티븐은 오랜 버릇대로 볼펜을 입에 문 채 그린스펀의 기자간담회를 시청하고 있었다. 그러다가 문득 모니터로 고개를 돌린 순간 그는 자기 눈을 의심했다. 미 연준의 금리 인상 직전에 4.65%를 넘나들던 미국채 10년 금리는 4.60%로 오히려 5bp가 하락해 있었다. 채권가격은 채권금리와 역의 관계에 있기 때문에 매도 주문을 냈던 미국채 10년물은 가격이 더 올라서 그의 채권 포트폴리오는 손실을 기록하고 있었다. 그는 예상과 다른 시장 흐름에 당황하면서 다시 한 번 생각을 정리했다.

스티븐은 인턴으로 막 입사했던 1994년 1월, 미 연준이 기준금리를 인상하기 시작하면서 채권수익률이 폭등했던 시기를 떠올렸다. 그러면서 '미 연준은 이제 막 기준금리를 인상하기 시작했고, 앞으로도 기준금리 인상 행렬이 이어질 거야. 그렇다면 미국채 10년 금리는 더욱 올라가겠지? 지금은 손절매보다는 매도포지션을 추가로 쌓는 것이 낫겠어.'라고 생각했다.

가까스로 생각을 정리한 스티븐은 브로커와의 채팅창에 '미국채 10년물 4.60%에 5천만 달러 추가 매도'를 입력하다가 급한 마음에 직접 전화를 걸었다. 그날따라 정규 거래 시간인 3시를 넘어서도 장외시장에서 채권 거래는 매우 활발하게 이루어졌다. 그리고 마침내 미국채 10년 금리 종가는 4.465%에 고시되었다. 하루 동안 스티븐의 채권 포트폴리오는 더 큰 손실을 기록하고 말았다.

그리고 어느덧 3개월 뒤인 2004년 9월 22일 오후 2시 50분, 스티븐은 퀭한 눈빛으로 모니터를 응시하고 있었다. 그는 며칠째 잠도 제대로 못 자고 면도도 못해서 매우 초췌해 보였다. 그도 그럴 것이 금리 상승에 베팅했던 그의 채권형 펀드는 오히려 금리 하락세가 지속되면서 벤치마크 수익률을 크게 밑돌 뿐 아니라 절대 수익률에서도 대규모 손실을 기록하고 있었다. 미 연준은 기준금리를

손절매
앞으로 유가증권이 하락하리라고 예상해서 보유 자산을 매입 가격 이하로 손해를 보고 파는 것을 뜻한다.

벤치마크
투자의 성과를 평가할 때 기준이 되는 지표다.

1.75%까지 계속해서 인상했으나, 그가 4.60% 이상에서 매도를 집중했던 미국채 10년물 금리는 이제 4.00% 부근까지 하락해 있었다.

스티븐은 이 상황을 도무지 이해할 수 없었다. 무엇이 어떻게 잘못된 것일까? 미 연준이 기준금리를 계속해서 인상하는데 왜 미국채 10년 금리는 오히려 하락세를 지속하는 것일까? 지금 상황에서 생각 같아서는 매도포지션을 더 늘리고 싶었지만, 그의 손실한도는 이제 임계치에 다다르고 있었다. 하는 수 없이 그는 기존의 매도포지션을 모두 청산하기 위해 다시 되사는 매수 주문을 채팅창에 입력했다. 금리 하락세가 계속되자 더 이상 손실 폭을 감당할 수 없게 된 것이다.

하지만 스티븐은 차마 주문창에 엔터키를 누르지 못하고 조금 더 기다렸다. 마감 시간이 임박하자 마침내 미국채 10년물 금리는 4.00%도 깨고 더 내려갔다. 결국 스티븐은 거친 욕설과 함께 주먹으로 엔터키를 내리쳤다. 채권운용을 시작한 후 지난 10년 동안 꾸준히 성공가도를 달려왔던 그였지만, 이번 금리 상승에 건 베팅으로 너무도 많은 것을 잃고 말았다.

손실한도
금융기관은 자산가격이 급락할 경우 내부적으로 손실한도를 정하며, 한도를 초과하면 의무적으로 반대매매를 해야 한다.

그린스펀도 풀지 못한 수수께끼

앞선 이야기에 등장하는 '스티븐'은 가상의 인물로서 2004년 미 연준이 기준금리를 인상했던 시절에 있었음직한 채권펀드매니저의 모습을 상상해본 것이다. 상상 속의 인물이지만, 실제로도 스티븐과 같이 시장금리 상승에 베팅했다가 손실을 봤던 채권 매니저들은 무수히 많았다.

미 연준이 기준금리를 2004년 6월 1.00%에서 2005년 9월 3.75%까지 275bp나 인상하는 동안, 미국채 10년 금리는 4.465%에서 4.241%로 오히려 20bp 넘게 하락하는 기이한 현상을 보였다. 1994년 미 연준의 급격한 금리 인상으로 채권수익률이 폭등했던 이른바 '채권시장의 대학살(great bond massacre)' 때와 비교하면 채권시장은 전혀 다른 판으로 움직인 것이다. 이로 인해 미국채 10년 금리와 기준금리와의 격차는 337bp에서 50bp로 축소되었다.

이러한 현상을 두고 의회에서는 앨런 그린스펀 의장에게 그 이유를 물었으나 그조차 "저도 그것이 수수께끼입니다(It's Conundrum)."라고 대답하며 명확하게 설명하지 못했다. 그러자 사람들은 이를 두고 '그린스펀의 수수께끼(Greenspan's Conundrum)'라고 부르게 되었다.

> **채권펀드매니저**
> 채권형 펀드를 운용하는 펀드매니저를 줄여서 말한다.

> **채권시장의 대학살**
> 1994년 2월부터 1995년 2월까지 불과 1년 동안 미 연준은 기준금리를 3.00%에서 6.00%로 대폭 인상했으며, 이로 인해 국고채 수익률이 급등하면서 채권가격은 폭락했다. 당시 채권 투자에서 발생한 손실이 매우 참혹해 붙여진 이름이다.

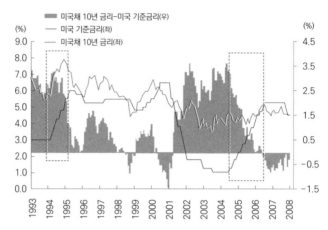

▶ 미국의 기준금리 변화와 미국채 10년 금리 추이

■ 미국채 10년 금리-미국 기준금리(우)
— 미국 기준금리(좌)
— 미국채 10년 금리(좌)

자료: 블룸버그

지난 1994년에 미 연준이 기준금리를 인상하자 미국채 10년 금리가 폭등하는 현상이 발생했으나, 2004년에는 미 연준이 기준금리를 인상했는데도 미국채 10년 금리가 오히려 하락하는 '수수께끼' 같은 현상이 나타났다.

그린스펀의 수수께끼가 발생한 원인

그렇다면 이러한 수수께끼 같은 현상이 벌어진 이유는 무엇일까? 당시 여러 경제학자와 전문가들 사이에 활발한 논의가 진행되었는데, 가장 큰 원인으로 아시아 중앙은행들의 미국 장기 국채 매입이 거론되었다. 당시 중국 등 아시아 국가들은 대규모의 경상수지 흑자를 기록했고, 달

경상수지

국제 간의 거래에서 자본 거래를 제외한 경상적 거래에 관한 수지다. 상품수지, 서비스수지, 소득수지, 경상이전수지를 합산한 것이다.

(억 달러, %)

	2003	2004					2005		
		I	II	III	IV	연간	I	II	연간
장기 국채 순발행액[1]	3,699	1,460	343	906	1,137	3,846	1,441	-727	713
외국인 보유액[2]	2,892	1,422	1,017	591	541	3,571	926	222	1,148
외국인 보유비율[3]	42.7	44.9	47.3	47.6	47.6	47.6	48.2	49.6	49.6

주: 1) 시장성 장기 국채 기준 2) 기말 기준 증가액 3) 기말 기준 외국인 보유잔액/발행잔액
자료: 한국은행 통화신용정책보고서

2003년 말 외국인의 미국 장기 국채에 대한 보유비율은 42.7%에 불과했으나, 2005년 2분기에는 49.6%로 급증했다. 이는 아시아 중앙은행을 중심으로 경상수지 확대에 따른 외환보유고가 늘어나면서 미국 장기 국채에 대한 수요가 증가했기 때문이다.

러화의 유입으로 자국의 통화가치가 절상되었다. 그러자 외환시장 개입을 통해서 늘어난 외환보유고를 미국의 장기 국채를 매입하는 데 사용했다. 이로 인해 외국인 투자자의 미국 장기 국채 보유비율은 2003년 말 42.7%에서 2004년 말에는 47.6%로, 2005년 6월 말에는 49.6%로 높아졌다.

그러나 단순히 아시아 중앙은행들의 미국 장기 국채에 대한 수요 증가로 그린스펀의 수수께끼를 설명하는 데는 한계가 있다. 필자는 근본적으로 당시 미국과 글로벌 경기가 둔화 흐름을 보였던 것이 미 연준의 금리 인상에도 미국채 장기금리를 떨어트린 장본인으로 판단한다.

외환보유고

한 나라의 통화당국이 대외지급 준비자산으로 보유하고 있는 외화자산이다.

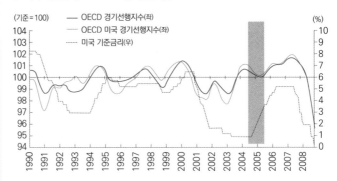

▶ 미국 기준금리 vs. OECD 경기선행지수

(기준=100)
—— OECD 경기선행지수(좌)
—— OECD 미국 경기선행지수(좌)
······ 미국 기준금리(우)

자료: 블룸버그

미 연준이 2004년 금리 인상을 시작하던 당시, OECD 경기선행지수
는 미국과 글로벌 모두 정점을 찍고 하락세로 전환되는 시기였다. 이
러한 글로벌 경기 둔화가 기준금리 인상에도 미국채 장기금리를 떨어
트린 근본적인 원인으로 판단된다.

경기선행지수

경제지표 몇 가지를 합성
해 경기의 상승 또는 하강
국면을 미리 파악할 수 있
게 한 지표다.

펀더멘털

한 나라의 경제가 얼마나
건강하고 튼튼한지를 나타
내는 용어다.

    OECD(경제협력개발기구)의 경기선행지수를 살펴보면, 미
국과 글로벌 선행지수 모두 2004년 4월부터 2005년 5월까
지의 13개월간 하락세를 보였다. 경제지표가 발표되기까
지 2개월가량의 시차가 존재한다는 것을 감안하면 그린스
펀의 수수께끼가 발생했던 '2004년 6월에서 2005년 9월'
까지의 기간과 거의 일치한다. 결국 아시아 중앙은행의
대규모 채권 수요라는 수급적인 요인 외에도, 미국 및 글
로벌 경기 둔화라는 펀더멘털 요인이 기준금리 인상에도
불구하고 오히려 장기 국채 금리가 하락하는 이른바 '그

린스펀의 수수께끼'를 만들어낸 근본적인 원인으로 여겨진다.

장단기 스프레드의 역전과 2008년 금융위기

미 연준이 기준금리를 인상했는데도 장기 국채 금리가 낮게 유지되자 모기지 30년 금리도 낮은 수준에 머물렀다. 이로 인해 주택시장도 당장은 큰 영향을 받지 않았다. 더욱이 당시 MBS(주택담보부증권)는 부도위험이 낮으면서도 고금리를 제공하는 채권으로 인식되면서 매수세가 이어졌으며, MBS를 기초자산으로 만들어진 CDO(부채담보부증권)나 CBO(채권담보부증권)와 같은 각종 파생상품들도 여전히 높은 인기를 누렸다.

미 연준은 기준금리를 인상했음에도 기대했던 긴축 효과가 곧바로 나타나지 않자 금리 인상을 지속하면서 통화긴축의 강도를 높였다. 이로 인해 급기야 2006년 초에는 국고채 10년 금리와 기준금리와의 격차가 불과 10bp 이내로 좁혀졌고, 그제야 기준금리 인상이 미국채 10년 금리를 밀어 올리는 형국을 보였다. 결국 2004년 6월에 1.00%에서 인상되기 시작했던 FFR(연방기금금리)은 딱 2년 만인 2006년 6월 말에 5.25%까지 425bp가 인상되었고,

MBS

Mortgage Backed-Securities의 약자로 주택담보부증권을 말한다. 대출채권 등을 조기에 현금화하고자 발행되는 ABS(Asset Backed Security, 자산담보부증권)의 일종으로 주택저당채권(mortgage)을 담보 자산으로 한다.

CDO

Collateralized Debt Obligation의 약자로 부채담보부증권을 말한다. 회사채나 금융회사의 대출채권 등을 한데 묶어 유동화한 신용파생상품으로 회사채가 담보라면 CBO(Collateralized Bond Obligation, 채권담보부증권), 대출채권이 담보라면 CLO(Collateralized Loan Obligation, 대출채권담보부증권)라고 한다.

CBO

투기등급(high yield)의 고수익-고위험 채권을 담보로 발행하는 증권으로 CDO의 일종이다.

FFR

Federal Fund Rate의 약자로 연방기금금리를 말한다. 미국에서 은행 간 유휴자금 거래에 쓰이는 단기 시장금리다. 연방준비은행(FRB)이 정책금리로 삼고 있다.

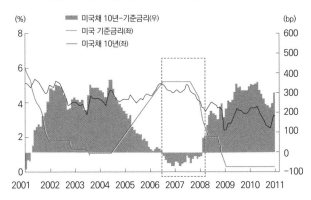

▶ 미국의 기준금리 인상에 따른 장단기 스프레드 역전 사례

자료: 블룸버그

미 연준이 기준금리 인상을 지속하자 급기야 2006년 하반기에는 미국채 10년 금리가 기준금리를 하회하는 역전 현상이 발생했다. 이러한 장단기 스프레드의 역전은 미 연준이 다시 공격적으로 기준금리를 내리면서 해소되었다.

미국채 10년 금리도 2006년 초부터는 기준금리 인상에 맞추어 잠시 상승세를 보였다.

그러나 시간이 지나자 수수께끼 같은 현상은 더욱 심각해졌다. 미 연준이 5.25%로 마지막 기준금리 인상을 단행했던 2006년 6월 29일, 미국채 10년 금리는 오히려 그보다 낮은 5.199%로 거래를 마감했다. 이후 미국채 10년 금리는 걷잡을 수 없이 하락세를 지속해 2006년 말에는 기준금리와 미국채 10년 금리의 역전 폭이 한때 80bp 이상으로 확대되기도 했다.

일반적으로 만기가 긴 장기 채권의 금리는 채무상환에 대한 불확실성이 크기 때문에 일종의 리스크 프리미엄이 붙어서 단기 채권의 금리보다는 높게 형성된다. 즉 만기가 10년인 미국채 10년 금리가 하루짜리에 불과한 기준금리보다 높은 것이 정상이다. 하지만 미국채 10년 금리가 기준금리를 한참이나 밑도는 수준에서도 장기 채권에 대한 거래는 계속 이루어졌다.

결국 미국채 10년 금리가 기준금리를 밑도는 수수께끼 같은 현상은 그리 오래가지 않았다. 2006년 6월 29일에 마지막으로 기준금리를 인상했던 미 연준이 1년 3개월여 만인 2007년 9월부터 다시 기준금리를 공격적으로 내리기 시작한 것이다. 이는 그동안 가파르게 진행된 미 연준의 기준금리 인상이 시차를 두고 부동산시장을 급속도로 냉각시켰고, 마침내 주택담보 대출의 연체율과 부도율이 높아지면서 서브프라임 모기지(subprime mortgage)의 부실로 이어졌기 때문이다.

미 연준이 기준금리를 다시 내리기 시작했지만 버블이 꺼지기 시작한 부동산시장의 침체를 막기에는 역부족이었다. 서브프라임의 부실이 전체 금융시장으로 전염되면서 마침내 2008년 9월, 대형 투자은행(IB; Investment Bank) 중 하나였던 리먼 브라더스는 파산보호를 신청했다.

> **서브프라임 모기지**
> 미국의 주택담보 대출은 신용등급에 따라 프라임(prime), 알트에이(Alt-A), 서브프라임(subprime) 등으로 구분된다. 서브프라임 모기지는 프라임 모기지에 비해 신용위험이 높으나 대출금리가 2~4%p 높다.

금리는 미래 경제를 반영하는 프리즘

2016년 초에 인기를 끌었던 영화 〈빅쇼트(The Big Short)〉를 보면, 수학박사 출신이자 괴짜 헤지펀드(hedge fund) 매니저인 마이클 버리는 모기지 시장의 이상 징후를 감지하고 2008년 금융위기가 시작되기 직전에 이를 보증하는 신용부도스와프(CDS) 매도에 베팅해 엄청난 수익을 거두게 된다. 그는 모기지 채권의 기초자산이 되는 주택담보대출의 부도율이 높아지는 것을 보면서 향후 금융위기가 올 것을 직감했다.

그러나 채권시장에서는 이미 2004년 4월부터 미국채 10년 금리와 기준금리의 장단기 스프레드가 좁혀지기 시작했고, 2006년에는 마침내 역전되면서 이상 징후가 나타나고 있었다. 전통적으로 장단기 스프레드의 축소는 경기 둔화를 예고하는 가장 대표적인 신호다. 미래 경제에 대한 불안감이 커질수록 단기채보다는 장기채에 대한 수요가 더욱 늘어나기 때문이다. 특히 장단기 스프레드의 역전은 경기침체가 일어날 가능성을 매우 강하게 시사한다. 지금 당장은 경기가 좋더라도 향후 경기가 침체되면서 금리 하락세가 지속될 것이라는 믿음이 장기금리를 단기금리보다도 낮게 형성시키는 것이다.

이처럼 일반적으로 동행 또는 후행변수로 인식되는 금

헤지펀드

파생금융상품을 활용해 높은 운용수익률을 얻고자 하는 펀드를 총칭한다.

신용부도스와프

Credit Default Swap의 약자인 CDS로 불린다. 부도가 발생해 채권이나 대출 원리금을 돌려받지 못할 경우 투자원금을 보장해주는 계약이다. 정기적으로 일종의 보험료를 지불한다.

리가 사실은 미래의 경제상황을 반영하고 있었다. 2000년대 들어 최악으로 평가받는 2008년 미국발 금융위기에 대해 장단기 스프레드는 이미 오래전부터 경고장을 보내고 있었던 셈이다. 만약 그 당시 금리의 움직임이 보내는 신호에 귀를 기울였다면 금융위기를 피할 수도 있지 않았을까? 그러니 지금이라도 금리가 미래를 예고하고 있다는 사실을 깨닫고 귀를 기울여보자. 그렇다면 앞으로 다가올 미래에 대해서도 훨씬 잘 대처할 수 있으리라고 믿는다.

펀드매니저 TIP

채권금리와 채권가격 간의 관계

개인 투자자에게 주식시장은 매우 친숙하지만 채권시장
은 다소 어렵게 느껴질 것이다. 채권시장이 주로 기관 투
자자들의 시장인 만큼 개인들이 거래할 기회가 많지 않
기 때문이다. 특히 채권시장에 익숙하지 않은 개인 투자
자에게 가장 혼란스러운 부분은 이자율을 기준으로 이
루어지는 채권 거래에서 채권가격과 이자율이 역의 관
계에 있다는 사실이다.

먼저 채권 거래가 가격이 아닌 이자율로 이루어지는
이유는 채권 보유 시 발생하는 이자 수익으로 인해 이
자지급일 전후로 채권가격의 연속성이 떨어지기 때문
이다. 일반적으로 채권 투자를 통해서 발생하는 이익은
크게 '이자 수익(income gain)'과 '자본 손익(capital gain or
loss)'으로 나눌 수 있다.

이 중 이자 수익은 시간이 지나면 자동으로 발생하기
때문에 다른 모든 조건이 일정하다면 채권의 가격은 다
음 이자지급일까지 이자 수익을 인식하면서 완만하게
상승한다. 그리고 이자가 지급되면 이표락이 발생하면
서 채권의 가격은 하락했다가, 다음번 이자지급일 전까

이표락

이자지급일이 지나서 당기
의 이표를 받을 권리가 없
어진 채권의 상태.

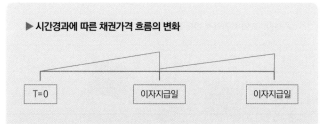

▶ 시간경과에 따른 채권가격 흐름의 변화

| T=0 | 이자지급일 | 이자지급일 |

지 다시 완만하게 상승하는 모습을 반복한다.

이로 인해 채권가격의 흐름은 마치 톱니 모양의 모습을 보이면서 연속성을 지니지 못한다. 따라서 채권을 거래할 때는 연속적이지 못한 가격을 쓰지 않는다. 대신 만기까지 채권을 보유했을 때 얻을 수 있는 채권수익률을 기준으로 거래한다. 이를 채권시장에서는 '만기수익률(YTM)'이라고 하며, 이 밖에도 채권금리, 유통수익률, 시장금리, 시중금리, 실세금리 등 여러 가지 이름으로 쓰인다.

그렇다면 채권가격이 이러한 만기수익률과 왜 역의 관계를 가질까? 이는 기본적으로 채권이 고정금리(fixed income)의 현금흐름을 제공한다고 가정하기 때문이다. 최초 채권 발행 시 결정된 표면금리(coupon rate)는 만기까지 고정된 반면에, 시장에서 거래되는 채권수익률은 매번 새롭기 때문에 둘 사이의 괴리를 맞추기 위해서는 결국 채권가격이 상승하거나 하락하는 형태로 조정된다.

예를 들면 1년 만기로 10%의 이자를 주는 채권이 발

만기수익률

Yield to Maturity의 약자인 YTM으로 불린다. 채권을 만기까지 보유할 경우 받게 되는 모든 수익이 투자원금에 대해 1년간 어느 정도의 수익을 가져오는가를 나타내는 수익률이다.

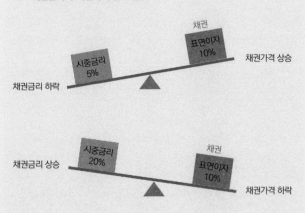

▶ 채권금리와 채권가격 간의 관계

채권
표면이자
10%

시중금리
5%

채권가격 상승

채권금리 하락

시중금리
20%

채권

채권금리 상승

표면이자
10%

채권가격 하락

행되었는데, 시간이 흘러 시장에서 요구하는 수익률이 20%로 상승했다고 하자. 이제 시장에서는 1년에 20%를 주는 채권이 발행되기 때문에 기존의 10%의 이자만 주는 채권을 거들떠보는 사람은 없을 것이다. 이 경우 기존의 10% 이자만 주는 채권을 보유한 사람이 자기 채권을 시장에 내다 팔기 위해서는 어떻게 해야 할까?

현재 시장의 이자율인 20%와의 차이를 감안해서 원금에서 10% 정도를 할인해주어야 시장의 요구수익률을 맞출 수 있다. 반대로 시장의 요구수익률이 5%로 하락했다면, 거꾸로 기존에 이자 10%를 주는 채권은 5% 정도가 할증된 가격으로 시장에서 거래될 것이다.

결국 만기까지 채권을 보유할 경우에는 현금흐름이

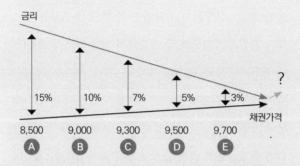

▶ 채권금리와 채권가격은 역의 관계

> 채권금리와 채권가격의 관계를 가장 손쉽게 이해하려면 할인채 개념으로 생각하면 된다. 즉 액면가 1만 원인 채권이 A시점에서는 할인율이 15%여서 채권가격이 8,500원(10,000×85%)이었는데, B시점에서는 할인율이 10%로 하락해 채권가격은 9천 원(10,000×90%)으로 상승하게 되었다. 만약 반대로 할인율이 20%로 상승하게 되면 채권가격은 8천 원(10,000×80%)으로 하락하게 되는 것이다.

정해져 있는 채권이지만, 만기 이전에 중도에 사고팔 때는 미래의 현금흐름을 현재가치화해 거래 가격을 산정할 수밖에 없다. 이때 현재가치로 할인하는 할인율이 바로 현재 시장에서 거래되는 이자율이다. 이자율이 기존의 약정된 표면금리보다 높아지면 채권의 가격은 하락하고, 반대로 시장 이자율이 표면금리보다 낮아지면 채권의 가격은 상승하게 된다.

다만 이는 채권의 표면금리가 고정된 채권(fixed income

변동금리부채권

지급되는 이자가 금리변동
에 따라 달라지는 채권을
말한다.

bond)에 해당된다. 변동금리부채권(floating rate note)처럼 표면금리가 시장금리 변화에 따라 함께 조정되는 경우에는 채권의 가격도 원금 수준에서 크게 변하지 않는다. 왜냐하면 변동금리부채권에서 발생하는 이자는 그때그때 시장의 새로워진 요구수익률을 반영해 결정되기 때문에 채권의 원금이 변화할 필요는 없다. 따라서 채권금리가 채권가격과 역의 관계에 있다는 것이 모든 채권에 적용되는 것은 아님을 기억할 필요가 있다.

우리는 흔히 우둔한 사람을 '조삼모사(朝三暮四)'에 등장하는 원숭이에 빗대곤 한다. 하지만 '화폐의 시간가치'라는 개념을 이해한다면 원숭이는 매우 영리한 동물이라는 사실을 알 수 있다. 동일한 100만 원이라도 당장 내 손에 있는 현금의 '현재가치'와 1년 뒤에 받게 될 현금의 '미래가치'는 엄연히 다르다. 금리란 바로 이러한 화폐의 시간가치를 나타내는 척도이며, 현재가치와 미래가치를 연결시키는 매개체다. 또한 금리는 돈을 빌려주는 사람에게는 '현재의 구매력을 포기하는 대가로 요구하는 수익률'이며, 반대로 돈을 빌리는 사람 입장에서는 '돈을 빌려서 어딘가에 투자할 때 얻을 수 있는 기대수익률의 최저치'다. 이번 장에서는 금리의 본질에 대해 살펴보고, 금리가 어떻게 결정되는지 더 자세하게 알아보자.

2장

금리가
미래를 반영할 수 있는
이유

도토리를 둘러싼 조삼모사 이야기

옛날 송(宋)나라에 저공(狙公)이라는 사람이 살고 있었는데, 그는 원숭이를 끔찍이도 아끼고 사랑해 집에서 수십 마리를 기르고 있었다. 하지만 집안 형편이 넉넉하지 않은 데다 어느 해에는 흉년이 들어서 사람이 먹을 것도 마땅치 않을 정도였다. 사람이나 짐승이나 겨우 도토리로 입에 풀칠하게 되자 저공은 원숭이에게 주는 도토리 개수를 줄여야겠다고 생각했다.

이에 저공은 원숭이들을 불러 모아놓고 이야기했다. "흉년이 들어 먹을 것이 부족해 너희들의 먹이를 줄일 수밖에 없게 되었다. 이제는 아침에 도토리 3개, 저녁에는 도토리 4개를 주도록 하겠다." 원숭이들은 저녁보다 아침에 도토리 1개를 덜 먹는다고 생각해서 화를 감추지 못하고 소란을 피웠다. 그러자 저공은 잠시 생각에 잠겼다가 다음과 같이 제안했다. "그렇다면 너희들에게 아침에 도토리 4개, 저녁에는 3개를 주겠다." 그 말을 들은 원숭이들은 아까보다 당장 아침에 1개를 더 먹게 되었다고 모두들 만족스러워했다. 저공은 입가에 미소를 지으면서 뿌듯해했다.

원숭이는 과연 어리석은 존재인가?

앞의 이야기는 유명한 고사성어인 조삼모사(朝三暮四)를 묘사한 것으로, 흔히 '눈앞에 작은 차이에 눈이 어두워 결과가 같음을 알지 못하는 우둔한 사람'을 빗대는 말로 쓰인다. 그런데 과연 조삼모사에 등장하는 원숭이는 정말로 어리석은 존재일까? 이러한 의문을 해결하기 위해 이 책을 읽는 독자들에게 비슷한 질문을 하나 던져볼까 한다.

만약 여러분이 일하는 회사에서 월급을 한 달에 2번으로 나누어주기로 했다고 치자. 첫 번째 옵션은 월 중반에 월급의 40%를 주고, 월말에 60%를 주는 조건이다. 두 번

▶ 월급을 월 중반과 월말로 나누어 받는다면 당신의 선택은?

	월 중반	월말	합계
옵션 1	월급의 40%	월급의 60%	월급 100%
옵션 2	월급의 60%	월급의 40%	월급 100%

째 옵션은 월 중반에 월급의 60%를 주고, 월말에 40%를 마저 주는 조건이다. 여러분은 무엇을 선택할 것인가?

간혹 초반에 많이 받으면 과소비할 테니 첫 번째 옵션을 택하겠다는 독특한 사람도 있겠지만, 대부분은 두 번째 옵션을 선택할 것이다. 본능적으로 초반에 돈을 많이 받아야 유리하다고 생각하기 때문이다. 경제학에서는 이를 '화폐의 시간가치(time value of money)'로 설명한다.

화폐의 시간가치란 무엇인가?

화폐의 시간가치란 쉽게 말해서 똑같은 100만 원이더라도 지금 내 손에 있는 돈이 1년 뒤에 받게 되는 돈보다 더 가치가 높다는 것이다. 즉 100만 원의 현재가치(present value)와 미래가치(future value)는 엄연히 다르다는 의미다. 일반적으로 소비자들은 미래의 현금보다는 현재의 현금을 더 선호한다. 이는 크게 다음의 4가지 특징으로 설명

현재가치

미래에 발생하는 현금흐름에 적절한 할인율을 적용해서 현재 시점의 가치로 환산한 값을 지칭한다.

미래가치

현재 보유한 금액과 동일한 가치를 가질 미래 시점의 금액으로, 원금에 이자를 더한 값이다.

될 수 있다.

첫째, 소비자들은 미래의 소비보다는 현재의 소비에 대한 만족도가 더 크다. 따라서 현재의 소비를 당장 가능하게 만들어주는 현재의 현금흐름이 당연히 미래의 현금흐름보다 선호된다.

둘째, 새로운 투자를 통해 현재의 현금으로 추가 수익이 발생할 수 있다. 가장 단순하게는 은행에 돈을 맡기게 되면 이자를 받을 수 있으며, 주식이나 부동산 등에 투자해 시세차익을 노릴 수도 있다. 물론 투자손실의 위험도 있지만, 투자할 기회 자체를 준다는 점에 가치를 부여할 만하다.

셋째, 미래의 현금은 인플레이션에 따라 구매력이 감소할 수 있는 위험이 존재한다. 즉 향후 인플레이션이 발생해 돈의 가치가 떨어지게 되면 동일한 현금이더라도 미래의 현금은 현재와 동일한 구매력을 지니지 못한다.

넷째, 미래의 현금흐름은 불확실성으로 인해 온전히 돌려받지 못할 위험이 존재한다. 즉 1년 뒤에 받기로 한 돈을 떼일 수도 있고, 당초 예상과는 달리 돈을 돌려받는 시점이 늦추어질 수도 있다.

이러한 화폐의 시간가치 개념을 머릿속에 담아두고 다시 조삼모사 이야기로 돌아가보자. 원숭이들 입장에서 선택지는 아침에 도토리 3개와 저녁에 도토리 4개, 또는 아

시세차익
자산을 매입한 가격보다 매도한 가격이 올라서 발생하는 이익이다.

인플레이션
통화량의 증가로 화폐가치가 하락하고 모든 상품의 물가가 전반적으로 오르는 현상이다.

▶ 조삼모사에 등장하는 원숭이에게 주어진 옵션

	아침	저녁	합계
옵션 1	도토리 3개	도토리 4개	도토리 7개
옵션 2	도토리 4개	도토리 3개	도토리 7개

침에 도토리 4개와 저녁에 도토리 3개로 2가지다. 위에서 열거한 현재의 현금흐름이 좋은 4가지 이유를 적용해보면 다음과 같은 판단이 가능하다.

첫째, 원숭이 입장에서는 자고 일어나면 당장 배가 고프기 때문에 아침에 많이 먹는 것으로 더 큰 만족감을 얻을 수 있다.

둘째, 만약 똑똑한 원숭이가 있다면 아침에 도토리 4개를 받아서 자기는 3개만 먹고, 나머지 1개를 다른 원숭이에게 먼저 먹게 할 수도 있다. 그리고 대신 저녁에는 아침에 도토리 1개를 줬던 원숭이한테 도토리 1.5개를 자신에게 되돌려달라고 거래할 수 있다.

셋째, 도토리에도 신선도가 있다면 아침 도토리는 저녁 도토리보다 훨씬 더 맛있을 것이다.

넷째, 주인이 게을러서 저녁에 먹이 주는 것을 깜빡할 수도 있다. 혹은 도토리가 다 떨어져서 저녁에는 약속했던 도토리를 못 받을 위험도 있다.

자, 이렇게 생각해보면 조삼모사 이야기에 등장하는 원

숭이를 더 이상 어리석은 존재라고 비웃을 수는 없을 것이다. 오히려 원숭이는 도토리의 현재가치와 미래가치를 매우 민감하게 구분할 줄 아는 영물이라고 말할 수 있다. 앞으로 어리석은 사람을 빗대는 말로 조삼모사를 사용하는 것은 주의할 필요가 있다.

금리란 도대체 무엇인가?

화폐
유통수단이나 지불수단으로 기능하는 교환수단을 말하며, 통화는 유통화폐의 줄임말이다.

앞에서 조삼모사와 함께 '화폐의 시간가치' 개념을 장황하게 언급한 이유는 '금리'가 화폐의 시간가치를 나타내는 척도이기 때문이다. "시간은 돈이다."라는 속담은 시간이 그만큼 소중하다는 것을 강조하는 말이지만, 시간에 따라 돈의 가치도 달라진다는 사실을 잊지 말아야 한다. 결국 금리(또는 이자율)란 '시간별로 다른 화폐의 가치'를 서로 동일하게 연결시키며, 미래가치를 현재가치로 또는 현재가치를 미래가치로 바꾸어주는 매개체가 된다.

따라서 현재가치와 미래가치의 차이를 나타내는 화폐의 시간가치가 클수록 금리는 높아지며, 화폐의 시간가치가 낮을수록 금리도 낮아진다. 예를 들어 현재의 100만 원이 미래의 100만 원보다 훨씬 더 많이 선호될 경우에는 현재의 돈을 빌려주고 미래에 돌려받는 대가로 더 많은 이자율을 요구하게 된다. 거꾸로 현재의 돈이나 미래의 돈이나 차이가 없다면 이자율은 거의 '0'에 가깝게 형성된다.

또한 돈을 빌려주는 사람과 돈을 빌리는 사람 입장에서 생각해본다면 금리는 다음과 같은 의미를 지닌다. 먼저 돈을 빌려주는 사람에게 금리란 '현재의 구매력을 포기하고 돈을 빌려준 대가로 원하는 요구수익률'이다. 반대로 돈을 빌리는 사람 입장에서는 '돈을 빌려서 어딘가에 투자(사용)할 때 얻을 수 있는 기대수익률의 최저치'다.

요구수익률
자금의 투자나 공여에 대해서 투자자가 요구하는 최소한의 수익률이다.

기대수익률
각 투자마다 실제로 실현될 가능성이 있는 수익률들의 평균을 낸 값이다.

금리에 영향을 주는 요인에는 무엇이 있을까?

이처럼 금리란 화폐의 시간가치를 나타내는 척도이며, 돈을 빌리고 빌려주는 것에 대한 대가를 의미한다. 이러한 금리가 결정되는 요인에는 무수히 많은 것들이 있다. 금리가 결정되는 메커니즘을, 앞서 화폐의 시간가치를 발생시키는 4가지 요인과 연결지어 생각해보면 다음과 같이 정리할 수 있다.

첫째, 소비자들이 미래의 소비보다 현재의 소비에 대한 욕구가 크면 금리는 상승압력을 받는다. 돈을 빌려주는 대여자 입장에서는 돈을 빌려주고 구매력을 포기한 대가로 요구하는 수익률이 바로 금리이기 때문이다. 돈을 빌리는 대출자 입장에서도 지금 당장 소비에 대한 욕구가 크다면 높은 금리로 돈을 빌려서라도 현재의 소비를 늘리려는 유인이 생긴다. 반대로 현재의 소비에 대한 욕구가 감소한다면 금리는 하락압력을 받게 된다. 지금은 자금이 여유롭지만 미래의 소비를 위해 저축할 유인이 생기거나, 또는 미래에는 현금흐름이 중단되리라고 예상한다면 현재의 소비를 기꺼이 미래로 이연할 만한 동기가 된다.

둘째, 한 단위의 자본을 빌려서 투자했을 때 얻을 수 있는 기대수익률이 커진다면 금리는 상승압력을 받는다. 돈을 빌리는 대출자 입장에서는 어떠한 사업에 대한 전망이 밝아 기대수익률이 높다면 대출을 받으려는 유인이 많아질 테고, 시장에서 자금 수요가 늘어나게 되면 자연히 금리는 상승하게 된다. 돈을 빌려주는 대여자 입장에서도 자신이 직접 투자해서 얻을 수 있는 기대수익률이 높다면, 돈을 빌려줄 때 요구하는 요구수익률도 기회비용 관점에서 높아질 것이다.

이상의 2가지 요인이 작용하면서 근본적으로 금리는 경기흐름과 밀접한 연관을 맺게 된다. 경기가 회복세라면 사람들의 현재 소비에 대한 욕구가 커지게 되며, 어떠한 투자에 대한 기대수익률도 높아지기 때문에 금리는 상승압력을 받는다. 반대로 경기가 불황이라면 현재 소비

기회비용
어떤 선택으로 인해 포기된 기회들 가운데 가장 큰 가치를 갖는 기회의 가치다.

를 줄여 미래의 불확실성에 대비하려는 저축의 필요성이 커지고, 투자에 대한 기대수익률이 낮아지기 때문에 자금 수요도 낮아지면서 금리는 하락압력을 받는다.

셋째, 향후에 인플레이션이 발생해 구매력이 떨어지리라고 예상된다면 금리는 상승압력을 받는다. 대여자 입장에서 돈을 빌려주고 구매력을 포기한 대가로 이자를 받았는데 미래 시점에서 인플레이션율이 이자율 이상으로 발생한다면 오히려 구매력은 감소한다. 이 경우에는 미래에 예상되는 인플레이션율보다 이자율이 높아야 대여자 입장에서는 돈을 빌려줄 만한 유인이 생길 것이다.

돈을 빌리는 대출자 입장에서 지금 당장은 구매력이 부족하지만, 향후에는 인플레이션이 발생해 구매력이 더욱 감소할 것 같다면 지금 당장 돈을 빌려서라도 소비에 나설 유인이 생긴다. 예를 들어 향후 부동산가격이 계속 오를 전망이라면 지금 당장 대규모의 대출을 받아서라도 먼저 아파트를 매입하는 것이 낫다.

결국 미래에 예상되는 인플레이션율 역시 금리를 결정하는 데 중요한 영향을 미치게 된다. 인플레이션율은 구매력의 변화를 통해 화폐의 시간가치 자체를 상승시키거나 하락시킬 수 있기 때문이다. 여기에서 파생되는 개념이 바로 실질금리(real yield)다. 실질금리란 명목금리(nominal yield)에서 인플레이션율을 차감한 것으로, 실제

명목금리

물가상승률을 생각하지 않고 표시된 금리로, 물가상승률을 차감해 산정되는 실질금리에 상대되는 개념이다.

구매력을 기준으로 발생하는 이자율이다. 피셔 방정식 (Fisher Equation)에 따르면 '명목금리(R)'는 '실질금리(r)'와 '기대 인플레이션율(π)'의 합이다. 소비자는 실질금리가 일정하게 유지되기를 원하기 때문에 향후 인플레이션율이 변하면, 이에 상응해 명목금리도 조정되기를 바란다.

넷째, 돈을 빌려주고 향후에 못 받을 위험이 커진다면 금리는 상승압력을 받는다. 대여자 입장에서는 과연 빌려준 돈을 향후에 제대로 받을 수 있을지 고민하게 된다. 아무리 높은 이자를 받더라도 원금 자체를 떼일 위험이 있다면 자금을 빌려주는 일이 꺼려질 수밖에 없다. 그렇기 때문에 돈을 떼일 위험이 크면 클수록 그에 합당한 더 많은 이자율을 요구하게 된다.

과거에 있었던 1997년 외환위기나 2008년 글로벌 금융위기를 떠올리면 이해하기 쉽다. 당시 경제위기가 발생하면서 신용위험이 크게 높아졌으며, 현금을 우선 확보해야 하는 상황이다 보니 금리는 천정부지로 치솟았다. 근본적으로 금리는 돈을 빌리고 빌려주는 대가이기 때문에 신용위험이 발생한다면 어떠한 요인보다도 우선한다고 볼 수 있다.

이 밖에도 금리에 영향을 미치는 요인들은 많다. 예를 들면 중앙은행이 통화량을 늘리거나 줄이면 전체 유동성에도 영향을 미치기 때문에 금리가 상승하거나 하락압력을 받게 된다. 또한 해외자금의 유입이 크게 늘어나거나, 반대로 해외자금이 급격하게 빠져나가도 금리에 영향을 끼친다.

금리 결정에는 정해진 공식이 없다

금리와 관련해서 한 가지 명심해야 할 점이 있다. 시장에는 항상 금리 상승 요인과 금리 하락 요인이 동시에 존재하는데 수학 공식처럼 A가 발생하면 상승 요인, B가 나타나면 하락 요인으로 결론지을 수 없다는 사실이다. 실제로 금리가 결정되는 과정은 생각보다 훨씬 복잡하며, 결국 상승 요인과 하락 요인 중 어느 쪽의 힘이 더 센지에 따라 달라진다.

예를 들면 국내 경기가 좋아져서 자금 수요가 늘어난다면 일반적으로는 금리 상승 요인이지만, 외국인 투자자들이 국내 경제를 보고 원화자산에 대한 수요를 늘리고자 국내 채권을 대규모로 매입하면 오히려 금리는 하락할 수 있다. 반대로 인플레이션이 발생하면 일반적으로 금리 상승 요인이지만, 물가 상승이 원자재가격 상승 등의 공급측 요인에 기인한다면 오히려 경기활력을 떨어트릴 수 있다. 이 때문에 민간의 자금 수요가 줄면서 시장금리가 하

물가 상승

물가 상승은 크게 수요가 늘어나서 발생하는 '수요 초과(demand-pull)' 형태와 생산비용이 높아져서 발생하는 '비용 인상(cost push)' 형태로 구분할 수 있다.

락할 수도 있다.

또한 금리에도 종류가 많고, 모든 금리가 동일한 방향이나 폭으로 움직이는 것은 아니다. 심지어 개별 금리가 서로 다른 방향성과 움직임을 보이는 경우도 부지기수다. 그러므로 다음 장에서는 금리의 종류와 개별 금리의 결정 요인을 살펴보고, 각 금리 간의 차이가 어떠한 의미를 갖는지 좀 더 자세하게 알아보도록 한다.

채권시장의 구조 및
신재민 전 사무관의 폭로 사건

채권시장은 주식시장에 비해 자산운용사, 연기금, 보험사, 은행권과 같은 기관 투자자들이 주가 되는 시장이다. 기본 거래 단위도 10억 원 정도라서 개인 투자자가 채권시장에 적극적으로 참여할 기회는 많지 않다. 하지만 금리가 바로 이 채권시장에서 결정되기 때문에 일반인들도 기본 구조와 현황에 대해 알아둔다면 금리의 움직임을 이해하는 데 많은 도움이 될 것이다.

먼저 채권시장은 발행시장과 유통시장으로 구분해볼 수 있으나, 2개의 시장이 따로 존재하기보다는 개념적인 구분에 불과하다. 발행시장은 발행자와 첫 번째 투자자의 거래가 이루어지는 시장을 말하며, 유통시장은 첫 번째 투자자와 그 다음번 투자자의 거래가 이루어지는 시장이라고 보면 된다.

발행시장과 관련해서는 채권의 종류를 기본적으로 알아야 한다. 채권은 발행주체나 이자지급 방법 등으로 다양하게 구분할 수 있으나, 일반적으로 국내에서는 발행주체에 따라 국고채(정부), 통안채(한국은행), 공사채(공기

> **연기금**
>
> 연금(pension)과 기금(fund)을 합한 개념이다. 가입이 강제적이고 급여 조건과 수준이 법률로 정해져 있어서 사회보험의 형태를 띤다.

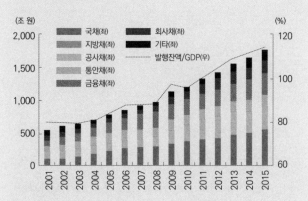

▶ 채권 종류별 발행잔액 추이

(조 원)

국채(좌)　　회사채(좌)
지방채(좌)　기타(좌)
공사채(좌)　──── 발행잔액/GDP(우)
통안채(좌)
금융채(좌)

자료: 증권전산

여신전문회사

채권을 발행하거나 다른 금융회사에서 돈을 빌리는 등 예금 이외의 방법으로 자금을 조달해 대출 등 각종 여신 서비스를 제공하는 금융회사를 말한다. 대표적으로 신용카드회사, 할부금융회사, 리스회사 등이 있다.

무위험채권

이론상 미래의 현금 흐름이 변동할 위험이 전혀 없는 채권을 말하지만, 실제로 위험이 전혀 없는 것은 없다.

업), 지방채(지방정부), 은행채(은행), 카드캐피탈채(여신전문회사), 회사채(일반기업) 등으로 구분된다. 2018년 말 기준으로 전체 채권의 발행잔액은 대략 1,850조 원 정도이며, 섹터별로는 국채가 34%, 공사 및 지방채가 19%, 금융채가 18%, 회사채가 11%, 통안채가 7% 정도의 비중을 차지하고 있다.

이 중 국고채와 통안채는 국내에서 무위험채권으로 인식되며, 나머지 채권은 신용위험이 있는 신용채권으로 분류된다. 발행 방법에서도 국고채와 통안채가 정례적으로 발행되는 반면에, 나머지 신용채권은 발행자의 필요에 따라 수시로 발행이 이루어진다. 한편 공사채·

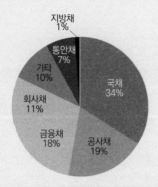

▶ 채권 종류별 발행잔액 비중

- 지방채 1%
- 통안채 7%
- 기타 10%
- 회사채 11%
- 금융채 18%
- 공사채 19%
- 국채 34%

자료: 증권전산

지방채·은행채는 거의 AAA등급이며, 카드캐피탈채도 AA등급이 많고, 회사채 역시 대부분 A0등급 이상이라서 국내에서는 대부분 BBB- 이상의 투자등급(investment grade) 채권 비중이 높다고 볼 수 있다.

한편 유통시장에서 일평균 채권 거래량은 대략 30조원 정도이며, 섹터별로는 국채가 56%, 통안채가 24%, 금융채가 13%, 공사 및 지방채가 4%, 회사채가 3% 정도의 거래량 비중을 차지한다. 투자자별로는 자산운용사, 은행권, 보험사 순으로 비중이 높다.

국채와 통안채의 비중이 발행잔액 규모면에서는 40% 정도밖에 되지 않지만 유통시장에서는 80%에 이른다.

투자등급

채권신용평가기관에서 BBB 이상으로 평가되는 채권을 말한다. 그 이하 등급의 채권은 '투기등급 채권'이라고 한다.

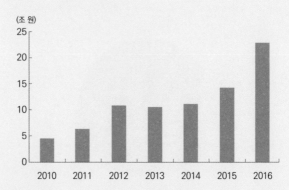

▶ 채권시장 일평균 거래량 추이

(조 원)

자료: 증권전산

지표금리

시장의 실세이자율을 가장
잘 반영하는 금리다.

가산금리

지표금리에 신용도 등의 조
건에 따라 덧붙이는 금리를
말한다.

그도 그럴 것이 국내 채권시장에서는 국채와 통안채 금
리가 무위험 지표금리로서 역할을 하고, 신용채권 금리
는 이러한 지표금리에 가산금리를 더하는 형태로 결정
되기 때문에 국채와 통안채의 유동성이 높게 유지되어
야 한다.

그래서 기획재정부는 국고채 금리가 지표금리로서 제
역할을 할 수 있도록 3년, 5년, 10년, 20년, 30년, 50년
만기의 국고채를 매월 정례적으로 발행(50년물은 격월 발
행)하고 있다. 이때 유동성을 높이기 위해 국고채는 만기
별로 일정 기간(6개월 또는 1년) 동안 발행되는 채권의 잔
존 만기를 일치시켜서 발행잔액을 늘려주는데, 이를 '통

▶ 채권 종류별 거래량 비중

회사채
3%

금융채
13%

통안채
24%

국채
56%

공사공단채
4%

지방채
0%

자료: 증권전산

합발행(Fungible Issue)'이라고 한다.

　다만 발행은 매달 이루어지는 반면, 만기는 특정 월(3월,
6월, 9월, 12월)에 몰리기 때문에 대규모 만기가 도래한
다는 부작용도 있다. 대표적인 예로 각종 금융위기설이
3월 아니면 9월에 거론되는 것도 국채 만기가 몰려서 우
려되는 현상이다. 국채 만기가 집중되는 상황에서 외국
인의 보유 채권 만기도 함께 집중되기 때문에 대규모 자
금 이탈에 대한 우려가 부각되는 것이다. 따라서 정부는
국채 만기가 특정 연월에 집중되는 것을 막기 위해 새롭
게 채권을 발행해 만기 이전의 채권을 되사주는 일을 하
는데 이를 바로 조기상환(Buy-back)이라고 한다.

이러한 조기상환과 관련해 지난 2019년 초 신재민 전 기획재정부 사무관이 국채 발행을 둘러싸고 청와대의 외압이 있었다고 폭로하면서 크게 이슈가 되었다. 신 전 사무관은 청와대가 적자국채 발행을 늘리기 위해 국고채 바이백(조기상환)을 취소시켜 불필요한 이자비용을 치르고, 채권시장의 신뢰를 잃게 했다고 주장한 바 있다. 과연 이 말이 사실인지는 알 수 없지만, 적어도 이러한 주장이 나오게 된 국채시장의 구조에 대해서는 이해할 필요가 있다.

연간 국채 발행의 총 금액은 ①적자국채용 발행, ②만기상환용 국채 발행, ③조기상환용 국채 발행 등 크게 세 부분으로 이루어진다. 이때 국내에서는 연간 국채 발행의 총 금액과 적자국채용 발행금액이 정해지게 되며, 만기상환용 국채 발행은 거의 고정적이다. 따라서 적자국채용 발행과 조기상환용 국채 발행은 발행금액 측면에서 서로 트레이드오프(Trade-off) 관계가 있다.

신 전 사무관이 주장했던 바는 2016년 당시 초과 세수가 많이 걷혀서 적자국채 발행을 목표 수준(27조 원)만큼 채울 필요가 없었고, 이로 인해 기획재정부는 이미 조기상환용 국채 발행을 늘리고 있었다고 한다. 하지만 갑자기 청와대가 적자국채 발행을 목표치까지 늘리라고 해서 발행한도를 마련하다 보니, 당초 예정되었던 국고

▶ 연간 국채 발행 규모의 구성 분해

$$\underset{\text{(한도 있음)}}{\text{연간 국채 발행 규모}} = \begin{matrix} \text{적자국채용 발행(한도 있음)} + \text{만기상환용} \\ \text{국채 발행} + \text{조기상환용 국채 발행} \end{matrix}$$

채 바이백까지 취소하게 되었다는 것이다. 이는 바이백 재원을 마련하기 위한 국채 발행을 적자국채용 발행 재원으로 전용하려 했다는 주장이다.

진실은 알 수 없지만, 이처럼 국채시장의 구조에 대해 알고 있어야만 신 전 사무관의 주장을 어느 정도 이해할 수 있을 것이다.

주식시장에서 개별 주가가 저마다 다른 움직임을 보이듯이, 채권시장에서도 개별 채권금리는 서로 다르게 움직인다. 채권시장에서는 금리를 잔존 만기, 발행자의 신용위험 등으로 구분할 수 있으며, 개별 채권 간의 금리 스프레드는 상황에 따라 확대와 축소를 반복한다. 채권시장에서 의미 있게 보는 금리 스프레드로는 장단기 스프레드, 신용 스프레드, 국가 간 금리 스프레드, 명목채와 물가채의 금리 스프레드 등이 있다. 각 금리 스프레드에는 많은 정보들이 담겨 있는데, 이번 장에서는 이러한 금리 스프레드가 무엇을 의미하는지 자세하게 살펴보자.

3장

금리 스프레드에는
놀라운 비밀이
숨겨져 있다

금리라고 다 같은 금리가 아니다

필자가 채권시장에서 오래 근무하다 보다 보니 사석이든 공석이든 "금리가 어떻게 될 거 같아요?"라는 질문을 많이 받는다. 하물며 예전에 거래했던 부동산 중개업자도 부동산시장을 예측하기 위해 금리 전망을 수시로 물어보곤 한다. 이렇게 금리 전망에 대한 질문을 받을 때면 제일 먼저 고민스러운 부분은 질문자가 물어보는 금리가 도대체 어떠한 금리를 말하느냐는 것이다. 사람들은 일반적으로 '금리'를 하나로 인식해서 질문하지만, 실무를 다루는 입장에서는 금리의 종류에도 수십 가지가 있으니 고민이

▶ 요소에 따라 차별적인 금리 수준

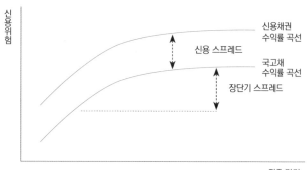

발행자의 신용위험도에 따라 만기별 금리 수준을 이어보면 각각의 수익률 곡선이 그려진다. 발행자는 동일한데 잔존 만기가 달라서 발생하는 금리 차를 '장단기 스프레드'라고 하며, 만기는 동일한데 발행자의 신용위험이 달라서 발생하는 금리 차를 '신용 스프레드'라고 한다.

아닐 수 없다.

금리가 결정되는 채권시장에서 일반적으로 금리를 구분하는 기준은, 크게 보면 '잔존 만기'와 '발행자의 신용도'가 있다. 먼저 잔존 만기를 기준으로 살펴보자. 발행자가 같더라도 잔존 만기에 따라 금리 수준은 달라진다. 예를 들면 현재 정부가 발행하는 국고채의 만기는 3년·5년·10년·20년·30년이 있으며, 이들은 각기 다른 수준의 금리를 보인다.

잔존 만기가 다른 채권의 금리를 선으로 이어보면 일반적으로 만기가 길수록 금리 수준이 높아지는 우상향 형태가 나타난다. 이를 '수익률 곡선(yield curve)'이라고 부르며, 만기가 긴 채권금리에서 만기가 짧은 채권금리를 뺀 스프레드를 '장단기 스프레드'라고 한다. 실무에서 주로 장단기 스프레드는 '국고채 3년-기준금리' 스프레드 또는 '국고채 10년-국고채 3년' 스프레드를 의미한다.

수익률 곡선
채권의 만기별 수익률과 만기와의 관계를 나타낸다.

다음으로 발행자의 신용도를 기준으로 살펴보자. 채권의 잔존 만기가 동일하더라도 발행자의 신용도에 따라 금리 수준은 달라진다. 예를 들면 같은 3년 만기 채권이더라도 정부가 발행하는 국고채와 기업이 발행하는 회사채의 금리 수준은 다르게 형성된다. 이때 신용위험이 높은 회사채에서 신용위험이 없는 국고채의 금리를 뺀 스프레드를 '신용 스프레드(credit spread)'라고 하며, 실무에서는 주로 '회사채(AA-) 3년-국고채 3년' 스프레드를 사용한다.

신용 스프레드
무위험채권인 국고채와 신용위험이 존재하는 회사채의 금리 차이를 말한다.

또한 만기가 동일한 국채라도 발행국가의 신용도에 따라 금리 수준은 달라진다. 쉽게 말해 한국의 국고채 10년 금리와 미국의 국고채 10년 금리, 브라질의 국고채 10년 금리는 각각 다르다. 일반적으로 국가신용이 높을수록 국고채 금리는 낮게 형성된다. 국적은 다르지만 동일한 통화를 사용하는 유로존(eurozone)에서도 재정이 건전한 독일의 국고채 금리와 재정 상태가 취약한 그리스의 국고채

▶ 장기금리와 단기금리, 국고채 금리와 회사채 금리의 차별화 사례

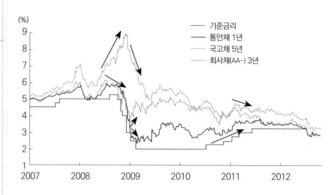

자료: 금융투자협회

> 경제 상황이 변하면서 각 개별 금리는 저마다 다른 움직임을 보이게
> 된다. 2008년 금융위기 이후 국고채와 신용 스프레드는 서로 상반되
> 는 모습을 보였으며, 기준금리 변화에 따라 단기금리와 장기금리도
> 차별적인 움직임을 보인다.

금리는 수준 차이가 크다.

　여기서 주목할 점은 여러 금리가 서로 수준도 다르지
만, 저마다 다르게 움직인다는 것이다. 주식시장의 개별
종목에 비하면 채권시장의 개별 채권금리는 훨씬 상관성
이 높지만, 그렇다고 모든 금리가 같은 방향과 폭으로 움
직이지는 않는다. 심지어 같은 시점에서 어떠한 금리는
올라가고 어떠한 금리는 떨어지는 차별화가 나타나기도
한다.

예를 들면 왼쪽 도표에서 보는 바와 같이 2008년 금융 위기 직후에 안전자산(flight to quality) 선호 심리가 극에 달하면서 국고채 금리는 급락하고, 회사채 금리는 급등하는 모습을 확인할 수 있다. 이후 금융위기가 진정된 2009년 초반부터는 다시 위험자산 선호 심리가 살아나면서 국고채 금리는 상승하지만, 회사채 금리는 오히려 하락한다. 장기금리와 단기금리의 경우에도 마찬가지다. 2010년 중순 이후 기준금리가 인상되기 시작할 때 단기금리는 기준금리에 맞추어 같이 상승했지만, 장기금리는 오히려 하락했다.

안전자산 선호

국채와 같이 위험이 낮은 자산으로 투자집중 현상을 말한다. 반대 개념은 '위험 자산 선호'다.

이처럼 금리 변화에 따라 장단기 스프레드가 벌어지거나 좁혀지기도 하며, 신용 스프레드가 확대되거나 축소되기도 한다. 이러한 금리 스프레드의 변화는 매우 중요한 정보를 내포하며, 미래의 경제 상황을 시사하기도 한다. 이제부터 각 금리 스프레드가 의미하는 바를 하나씩 천천히 알아보도록 하자.

장단기 스프레드는 경제에 대한 기상예보다

앞서 설명한 장단기 스프레드의 변화에 따라 수익률 곡선의 기울기도 달라진다. 즉 장단기 스프레드가 벌어지면

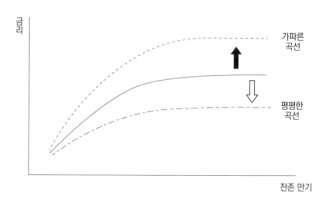

▶ 장단기 스프레드 변화에 따른 수익률 곡선의 기울기 변화

금리

가파른
곡선

평평한
곡선

잔존 만기

발행자는 동일한데 잔존 만기에 따라 금리 수준이 달라지며, 이를 선으로 연결하면 우상향하는 형태로 수익률 곡선이 나온다. 수익률 곡선의 기울기는 경기전망과 수급여건에 따라 가파르거나 평탄한 모습을 보인다.

수익률 곡선의 기울기도 가팔라지는(steepening) 모습을 보이며, 반대로 장단기 스프레드가 축소되면 수익률 곡선의 기울기도 평평해지는(flattening) 모습을 보인다. 채권시장에서는 이를 전문적으로 '가파른 수익률 곡선(yield curve steepening)' 또는 '평탄한 수익률 곡선(yield curve flattening)'이라고 부른다.

전통적으로 수익률 곡선, 즉 채권시장의 기간구조(term structure)를 설명하는 주요 이론으로는 순수기대 가설(pure expectation), 유동성 프리미엄 가설(liquidity premium

가파른 수익률 곡선
장단기 스프레드가 확대되면서 수익률 곡선의 기울기가 가팔라지는 것을 말한다. 반대 개념이 평탄한 수익률 곡선이다.

▶ 선도수익률의 개념

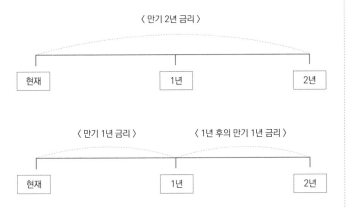

〈 만기 2년 금리 〉

| 현재 | 1년 | 2년 |

〈 만기 1년 금리 〉   〈 1년 후의 만기 1년 금리 〉

| 현재 | 1년 | 2년 |

> 만기 2년 금리는 만기 1년 금리와 1년 후 만기 1년 금리의 곱이다. 즉 만기 2년 금리는 '만기 1년 금리'와 '1년 후 만기 1년 금리'의 평균값으로 이루어지므로, '1년 후 만기 1년 금리'가 상승하리라고 예상된다면 현재 만기 2년 금리도 만기 1년 금리보다 높아진다.

hypothesis), 시장분할 가설(market segmentation hypothesis), 사전기간 선호 가설(preferred habit hypothesis) 등이 있다. 이 중에서도 순수기대 가설은 장단기 스프레드의 변화(또는 수익률 곡선의 기울기 변화)에는 미래를 예측하는 놀라운 비밀이 숨겨져 있다는 것을 시사한다.

순수기대 가설이란 장기 채권금리는 현재의 단기 채권금리와 미래에 예상되는 단기 채권금리들의 평균과 같다는 것이다. 쉽게 말해서 만기가 2년인 채권금리는 '현재 만기가 1년인 채권금리'와 '1년이 지난 시점에서 만기가

순수기대 가설

수익률 곡선의 형태가 미래의 단기 이자율에 대한 투자자의 예상에 의해 결정된다는 이론이다.

시장분할 가설

채권의 만기별로 수요와 공급이 차별적으로 존재하며, 이러한 수급의 차별화로 만기별로 금리 수준이 다르게 형성된다고 보는 이론이다.

사전기간 선호 가설

투자자들이 채권 중에서도 사전적으로 선호하는 만기가 있어, 이러한 선호도에 따라 만기별로 금리 수준이 달라진다고 보는 이론이다.

1년인 채권에 대한 예상 금리'의 평균값에 해당한다는 것이다. 따라서 만약에 '1년 뒤에 1년 만기의 금리'가 지금 '현재 1년 만기의 금리'보다 크게 높아질 것으로 예상된다면 현재 2년 만기의 금리는 1년 만기의 금리보다는 높은 수준에서 형성될 것이다.

결국 장단기 스프레드가 확대된다면 미래에 금리가 상승하리라는 예상이 반영되는 것이며, 경제 상황이 금리가 상승한 만큼 성장률이 높아지고 물가가 상승할 것이라는 전망을 반영한 것이다. 그러나 반대로 장단기 스프레드가 축소된다면 미래에 금리가 하락하리라는 예상도 반영할 수도 있다. 이는 성장률이 하락하고 물가상승률도 낮아질 것이라는 전망을 내포하고 있다.

이 책의 1장에서 언급했던 그린스펀의 수수께끼는 이러한 장단기 스프레드의 미래 예측력을 다시 한 번 확인시켜준 일화다. 장단기 스프레드의 예지력은 이미 널리 인정받고 있으며, 국내에서도 통계청이 발표하는 경기선행지수의 세부 항목 중에 '국고채 5년-기준금리' 스프레드가 포함되어 있다.

경기선행지수
현재 통계청의 경기선행지수 세부 항목은 재고순환지표, 소비자기대지수, 기계류내수출하지수, 건설수주액, 수출입물가비율, 구인구직비율, 코스피지수, 장단기금리차 등 8가지다.

신용 스프레드는 신용 여건의 체온계다

앞서 언급한 대로 신용 스프레드란 '신용위험이 존재하는 채권금리에서 무위험채권의 금리를 뺀 스프레드'다. 국내에서는 신용위험의 정도에 따라 AAA, AA, A, BBB, BB, B, CCC, CC, C의 순으로 신용채권의 등급을 매긴다. 이 중에서도 BBB를 기준으로 그 이상은 투자등급 채권이라 하고, 그 이하는 투기등급 채권이라고 부른다.

　일반적으로 국내에서 신용 스프레드라고 하면 '3년 만기 회사채(AA-) 금리-국고채 3년 금리' 스프레드를 의미하며, 신용등급별 금리에서 동일 만기의 국고채 금리를 빼면 해당 등급의 신용 스프레드가 된다. 하지만 신용 스프레드는 장단기 스프레드에 비해서는 미래 예지력이 떨어지며, 극단적으로 신용위험이 높아지는 경우에만 신용위험에 민감하게 반응하게 된다. 즉 평소에는 신용 스프레드가 신용위험뿐 아니라 수급적인 요인까지 감안하기 때문에 해석할 때 주의가 필요하다.

　한편 동일한 기업의 활동에 대해 주식시장과 채권시장에서는 종종 주가와 금리가 서로 상반되는 모습일 때가 있다. 즉 기업의 어떠한 투자결정에 대해 주가는 미래의 성장성을 보고 상승하는 반면, 신용 스프레드는 미래의 신용위험을 고려해 확대되는 경우다. 이는 주주와 채권자

주주와 채권자

주주는 기업의 이익을 공유할 수 있지만, 채권자는 약정된 이자만 수취하기 때문에 동일한 의사결정에 상반된 이해관계가 생길 수 있다.

▶ 채권 평가 신용등급 표

신용등급	개요
AAA	원리금 지급확실성이 최고 수준으로, 투자위험도가 극히 낮다. 현 단계에서 합리적으로 예측할 수 있는 장래의 급격한 환경 변화에도 영향을 받지 않을 만큼 안정적이다.
AA	원리금 지급확실성이 매우 높아 투자위험도가 매우 낮지만, AAA등급에 비해 다소 열등한 요소가 있다.
A	원리금 지급확실성이 높아 투자위험도가 낮은 수준이지만, 장래의 급격한 환경 변화에 따라 다소 영향을 받을 수 있다.
BBB	원리금 지급확실성은 인정되지만 장래의 환경 변화로 저하될 가능성이 있다.
BB	전반적인 채무상환 능력에 당면한 문제는 없지만, 장래의 안정성 면에서는 투기적 요소가 내포되어 있다.
B	원리금 지급확실성이 부족해 투기적이며, 장래의 안정성에 대해서는 현 단계에서 단언할 수 없다.
CCC	채무불이행이 발생할 가능성이 있어 매우 투기적이다.
CC	채무불이행이 발생할 가능성이 높아 상위 등급에 비해 불안 요소가 더욱 많다.
C	채무불이행이 발생할 가능성이 극히 높고 현 단계에서는 장래 회복될 가능성이 없다고 판단된다.
D	원금 또는 이자가 지급불능 상태에 있다.

자료: KIS 채권평가

위 등급 중 AA등급부터 CCC등급까지는 등급의 상대적 우열에 따라 +, − 기호가 첨부된다.

간의 이해상충 때문으로, 주주는 기업의 투자 성공 시 모든 것을 공유할 수 있지만, 채권자는 약속된 이자만을 받기 때문에 벌어지는 현상이다.

국가별 금리 차는 재정 건전성의 척도다

신용 스프레드의 개념을 각 국가 간의 신용도 차이로 확대해보면 금리 차이가 발생하는 원인도 쉽게 알 수 있다. 개별 채권에 신용등급을 부여하듯, 개별 국가에도 신용등급을 부여할 수 있다. 이러한 국가신용등급의 차이에 따라 동일 만기인 국고채 금리의 수준도 달라진다. 다음 페이지의 주요 국가의 신용등급별 국고채 10년 금리 분포 표를 보면 일반적으로 신용위험이 높을수록 해당 국가의 국고채 금리도 높은 수준을 보인다는 점을 확인할 수 있다.

국가 간 금리 스프레드는 동일한 통화를 사용하는 유로존 내에서 특히 큰 의미를 지닌다. 유로존에 편입된 국가들은 유로화라는 단일통화를 사용하지만, 국가의 재정은 여전히 각 국가의 자치권에 달려 있다. 따라서 유로존 내에서도 국가의 재정 상태에 따라 국고채의 금리 수준이 서로 다르며, 국가 간 금리 차이의 변화를 통해서 재정위기 발발 가능성을 알 수 있다. 일반적으로 유로존 내에서는 재정 상태가 가장 우수한 '독일 국채 금리와 주변 국가의 국채 금리 스프레드'가 유용한 지표로 사용된다.

지난 2012년 그리스의 재정위기가 유로존 전반으로 확산되는 모습을 보일 때 이미 유럽 주변국의 국채와 독일 국채 간의 금리 스프레드에는 이상 징후가 발견되었다.

▶ 글로벌 신용평가사 국가신용등급 현황

신용등급	무디스(moody's)	S&P (Standard & Poors)	피치(fitch)
AAA	미국, 독일, 캐나다, 호주, 싱가포르	독일, 캐나다, 호주, 싱가포르, 홍콩	미국, 독일, 캐나다, 호주, 싱가포르
AA+	영국, 홍콩	미국	홍콩
AA	한국, 프랑스	벨기에, 프랑스, 한국, 영국	벨기에, 프랑스, 영국
AA-	중국, 대만, 칠레, 벨기에	중국, 대만, 칠레	한국, 사우디
A+	일본, 사우디	아일랜드, 일본	중국, 대만, 칠레
A(A2)			일본, 아일랜드
A-(A3)	말레이시아, 멕시코, 아일랜드	말레이시아, 사우디	말레이시아
BBB+(Baa1)	태국	멕시코, 태국	이탈리아, 태국, 스페인, 멕시코
BBB(Baa2)	필리핀, 이탈리아, 스페인, 남아공	필리핀, 스페인	남아공
BBB-(Baa3)	인도네시아, 인도	인도, 이탈리아, 남아공	인도, 인도네시아, 필리핀, 사우디
BB+(Ba1)		인도네시아	

자료: 국제금융센터

한국은 2018년 역대 최고의 국가신용등급을 부여받았다. 지난 2015년 12월 19일 무디스가 한국의 신용등급을 Aa2(AA)로 올린 데 이어, S&P도 2016년 8월 8일에 AA로 상향했다. 다만 피치에서는 여전히 AA-등급을 유지했다.

특히 한동안 그리스의 국채 금리가 급등하는데도 안정적인 모습을 보이던 스페인의 국채 금리가 급등하면서 유로

▶ 주요 국가의 신용등급별 국고채 10년 금리 분포

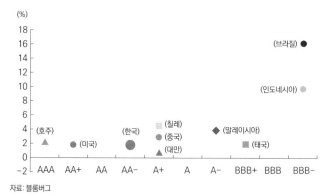

자료: 블룸버그

국가신용등급과 각 국가의 국채 금리를 살펴보면 개별 국가의 신용등급이 낮아질수록 국채 금리가 높게 형성된다. 이는 신용등급이 낮을수록 신용위험에 대한 리스크 프리미엄이 부과되기 때문이다.

▶ 그리스와 스페인의 독일 국채 대비 금리 스프레드

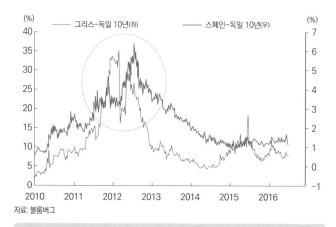

자료: 블룸버그

유로존은 단일통화를 사용하지만, 국가별로 신용위험에 따라 국고채 금리는 차별적인 모습을 보인다. 2012년 당시 상대적으로 안정적이었던 스페인의 독일 국채 대비 금리 스프레드가 급격하게 확대된 것은 재정위기가 유럽 전역으로 확산되리라는 암시였다.

존 전반에 재정위기가 확산되었으며, 이는 스페인 국채 금리와 독일 국채 금리와의 스프레드에 먼저 반영되었다.

물가채의 BEI는 인플레이션 기대치를 반영한다

BEI(Break-Even Inflation; 손익분기 인플레이션율)란 동일 만기의 일반 명목 국고채와 물가연동 국채와의 금리 스프레드를 의미하며, 미래의 기대 인플레이션을 반영한다. 물가연동 국채란 인플레이션율에 따라 명목금리 수준이 결정되는 채권이다. 따라서 일반 명목 국고채와 물가연동 국채의 금리 스프레드는 향후 인플레이션에 대한 전망치에 따라 확대되거나 축소되는 모습을 보이게 된다.

　하지만 물가연동 국채의 BEI가 꼭 미래의 물가상승률 전망치만 반영하지는 않는다는 것에 주의할 필요가 있다. 물가연동 국채는 일반 명목 국고채에 비해 발행물량도 부족하고 거래량이 떨어지기 때문에 일종의 유동성 프리미엄이 붙어 있다. 따라서 물가연동 국채의 BEI가 변화할 경우 이것이 '기대 인플레이션'의 변화를 반영한 것인지, 아니면 '유동성 과부족'을 반영한 것인지를 구분해서 그 의미를 해석할 필요가 있다.

▶ 명목국채 금리 = 물가채 실질금리 + BEI(기대 인플레이션 + 유동성 프리미엄)

유동성 프리미엄

유동성이 부족한 자산을 구입할 때 요구하거나 제공받는 가격할인을 말한다.

동일 만기의 명목국채 금리와 물가연동 국채의 금리 차이인 BEI에는 미래의 인플레이션 기대치가 반영된다. 하지만 물가연동 국채의 유동성이 명목국채에 비해서 부족하기 때문에 일반적으로 BEI에는 유동성 프리미엄이 일부 섞여 있으니 유의할 필요가 있다.

펀드매니저 TIP

국내에서는 왜 아직도
국고채 3년 금리가 대표 금리인가?

9시 뉴스를 보면 그날의 금융시장 동향을 나타내는 지표들이 나온다. 주식시장의 경우에는 코스피(KOSPI)와 코스닥(KOSDAQ) 지수, 외환시장의 경우에는 달러-원 환율, 채권시장의 경우에는 국고채 3년 금리의 변화를 보여준다. 미국이나 선진국은 대표 금리로 국고채 10년 금리를 사용하고 있는데, 국내에서는 왜 국고채 3년 금리가 대표 금리로 나오는 걸까? 과연 채권시장의 움직임을 대변해주는 대표 금리로서 국고채 3년 금리가 적절할까?

채권시장에는 무수히 많은 종류의 금리가 존재하며, 개별 채권수익률은 저마다 다른 움직임을 많이 보인다. 이러한 차별적인 움직임 속에서 채권시장의 움직임을 대표하려면 거래가 가장 많이 이루어지거나, 발행비중이 가장 높은 채권금리여야 할 것이다. 10년 전만 해도 채권시장의 평균 발행만기는 3년이 채 되지 않았다. 그리고 대부분의 채권 거래는 국고채 3년물의 거래비중이 압도적으로 많았다.

하지만 지금은 상황이 많이 달라졌다. 2018년 중 채

달러-원 환율

환율표기 방법은 크게 외국통화 1단위당 자국통화로 표시하는 '직접표시환율'과 자국통화 1단위당 외국통화로 표시하는 '간접표시환율'이 있다. 한국은 '간접표시환율'을 사용하므로 '1달러당 원화가치'라는 의미에서 달러-원 (USD/KRW)로 쓰는 것이 맞다.

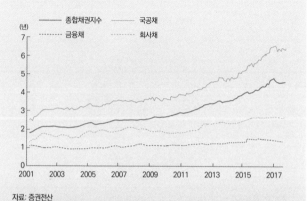

▶ 채권 섹터별 듀레이션 추이

종합채권지수 —— 국공채
금융채 ······ 회사채

(년)

자료: 증권전산

듀레이션(duration)

투자자금의 평균 회수기간을 말한다. 일반적으로 듀레이션은 채권에서 발생하는 현금흐름의 가중 평균 만기로, 채권가격의 이자율이 변화하는 민감도를 측정하기 위한 척도로 사용된다.

> 정부가 장기 국채 발행을 확대하면서 국내 채권시장에서도 전체 채권의 잔존 만기가 꾸준하게 확대되고 있다. 이로 인해 전체 채권의 듀레이션은 4.5년을 넘어섰으며, 국공채의 듀레이션은 7년에 육박하고 있다.

권의 평균 만기는 5년에 가까워졌으며, 3년물의 거래 비중 역시 예전보다는 많이 줄어들었다. 이제는 더 이상 국고채 3년 금리가 채권시장의 전체 흐름을 대변한다고 이야기할 수 없는 것이다.

따라서 현재는 채권시장의 흐름을 대표하는 금리로 국고채 3년 금리보다는 국고채 5년 금리가 더 적절해 보인다. 또한 머지않아 9시 뉴스에서 국고채 10년 금리가 대표 금리로 사용되는 날이 올 것으로 예상된다.

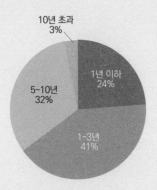

▶ 잔존 만기별 채권 거래 비중 현황

10년 초과
3%

1년 이하
24%

5~10년
32%

1~3년
41%

자료: 증권전산

잔존 만기별로 거래 비중을 살펴보면, 1~3년 비중이 가장 높고 10년 초과의 비중이 가장 낮다. 하지만 5~10년의 거래 비중이 높아지면서, 국내 채권시장도 중장기물의 거래량이 과거와 대비해서 크게 늘어나고 있는 추세다.

　　다만 아직은 시장금리 흐름에 큰 영향을 주는 국채선물 시장에서 10년물 거래량보다는 3년물 거래량이 많고, 회사채와 같은 신용채권이 대부분 3년 만기로 발행되는 경우가 많다는 점에서 당분간은 국고채 3년 금리가 대표 금리로 사용될 것으로 보인다.

17세기 네덜란드에서 발생한 튤립 버블은 역사상 최초의 자본주의적 투기로 일컬어진다. 최근 주요 선진국의 국채 금리가 마이너스로 떨어지면서 튤립 버블과 같은 붕괴 가능성이 제기되고 있다. 하지만 마이너스 금리 국채가 튤립 버블과 다른 점은 투기적인 수요 외에도 제도적인 수요가 있다는 것이다. 또한 마이너스 금리 채권은 각국의 경쟁적인 통화완화 정책이 만들어낸 부산물로 환율 전쟁이 지속되는 한 상당 기간 이어질 수밖에 없다. 이 장에서는 주요국 중앙은행이 마이너스 금리 정책을 중단하기 어려운 이유와 마이너스 금리 채권의 지속 가능성에 대해 보다 자세하게 살펴본다.

4 장

마이너스 금리 채권의
본질과 전망

튤립 버블 이야기

튤립 버블(tulip buble)이란 17세기 네덜란드에서 발생한 튤
립에 대한 투기적인 사건으로, 역사상 최초의 자본주의적
투기로 알려져 있다. 튤립은 1630년대에 수입되기 시작
했으며, 당시 네덜란드는 작물산업의 호황과 동인도 회사
의 수익으로 인해 유럽에서 가장 높은 1인당 국민소득을
기록하고 있었다. 이로 인해 부에 대한 개인들의 과시욕
이 높아졌고, 그중에서도 가장 인기가 높았던 것이 바로
터키에서 가져온 튤립이었다. 당시 네덜란드의 상류층은
튤립을 자신들만의 독특한 징표로 삼았는데, 시간이 지나

> **동인도 회사**
> 17세기 초 영국·프랑스·네
> 덜란드 등이 자국에서 동
> 양에 대한 무역권을 부여
> 받아 동인도에 설립한 무
> 역회사의 통칭이다.

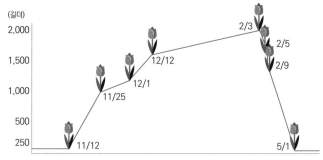

▶ 튤립 버블 당시 튤립가격 추이

(길더)

1636~1637년의 튤립 가격

면서 일반 귀족과 평민 사이에서도 모방소비가 일기 시작했다.

튤립은 단기간에 재배를 늘리기 어려운 상품이었기에 결국은 품귀 현상이 생겨 투기적인 수요를 불러일으켰다. 튤립은 씨앗에서 육성하는 방법과 모근에서 복제하는 방법이 있는데, 씨앗에서 육성하는 경우 꽃을 피우기까지 3~7년이 소요되는 반면, 모근에서 복제한 구근은 그 해에 바로 꽃이 피기 때문에 구근에 대한 수요가 급격하게 증가했다. 튤립의 인기는 튤립 구근의 사재기 현상으로 이어졌고, 꽃이 피지 않았는데도 '미래의 어느 시점을 정해 특정 가격에 매매한다.'라는 계약을 사고파는 이른바 '선물거래'까지 등장했다. 튤립시장은 전문가와 생산자 중

선물거래
현재 시점에서 미래 일정한 시점에 상품인도와 대금결제를 이행할 것으로 계약하는 거래다.

심으로 거래가 형성되는 것이 정상이었지만, 당시 귀족과 신흥 부자를 비롯해 일반인 사이에서도 튤립 투기 수요가 엄청나게 증가하면서 튤립가격이 1개월 만에 50배나 상승하는 일이 발생했다.

17세기 당시 네덜란드 노동자의 평균 연봉은 200~400길더(Guilder) 수준이었는데, 1636년 당시 가장 비싼 'Semper Augustus(아우구스투스 제왕)'라는 최고급품은 구근 하나에 3천 길더나 했고, 튤립의 인기가 정점에 달한 1637년 2월에는 뿌리 하나가 8만 7천 유로(약 1억 6천만 원)까지 치솟았다고 한다. 튤립은 숙련된 장인이 버는 연간 소득의 10배보다 더 높은 값으로 팔려 나갔는데, 튤립 하나면 왕이 부럽지 않다는 의미로 '구근왕자'라는 용어가 등장할 정도였다. 튤립 버블이 최고조에 이르렀을 때는 튤립 뿌리 하나가 대저택의 가격과 맞먹기도 했다.

문제는 튤립 파동으로 선물거래까지 등장했으나 정식 증권거래소가 아닌 주로 술집에서 거래되었다는 것이다. 튤립의 선물거래에서는 현금이나 현물인 튤립의 구근은 필요 없이 가축이나 가구 등 환금할 수 있는 것이라면 무엇이든지 통용되었다. 이러한 상황에서 튤립의 품종 개량으로 인해 값이 싼 품종이 시장에 등장했지만, 농민들까지 튤립시장에 참여하기 시작하면서 값이 싼 품종도 가격이 급등하게 되었다.

그러나 시간이 흘러 튤립의 가격 상승으로 본래의 구매자인 식물애호가들이 더 이상 튤립을 구매하지 않게 되었고, 특히 서민들이 거래하고 있었던 튤립 구근은 애호가들이 거들떠보지도 않게 되었다. 결국 실제 거래는 거의 이루어지지 않았고, 법원에서 튤립의 재산적 가치를 인정할 수 없다는 판결이 나오자 튤립가격은 순식간에 폭락하게 되었다. 이로 인해 튤립 매매에 쓰인 어음은 부도가 나고, 지불을 할 수 없는 채무자로 인해 네덜란드의 각 도시는 혼란에 빠졌다.

어음
일정한 금액을 일정한 날짜와 장소에서 치를 것을 약속하거나 제3자에게 그 지급을 위탁하는 유가증권이다.

마이너스 금리 채권은 제2의 튤립 버블인가?

네덜란드에서 발생한 튤립 버블의 붕괴는 근본적으로 튤립을 감상하려는 실수요보다는 가격 상승을 노린 투기적인 수요가 대다수였기 때문에 발생했다. 일종의 폰지게임(ponzi game)처럼 가격을 더 비싸게 사주는 매수자가 없다면 결국 가격은 폭락할 수밖에 없는 것이다. 이러한 튤립 버블의 이야기는 자산가격이 내재 가치에서 벗어나 거품(bubble)을 형성하는 경우에 가장 많이 인용된다.

그렇다면 금리가 마이너스로 내려가 있는 국채는 어떨까? 2008년 금융위기 이후 글로벌 통화완화 기조가 지속

폰지게임
실제로 아무 사업도 하지 않으면서 나중에 투자한 사람의 돈으로 먼저 투자한 사람에게 원금과 이자를 갚아나가는 일종의 금융 다단계 사기수법이다. 1925년 '90일 만에 원금의 2배 수익 보장'을 앞세워 미국 전역에서 8개월 만에 4만여 명에게서 1,500만 달러를 끌어 모은 사기범 찰스 폰지(Charles Ponzi)의 이름을 따서 붙여졌다.

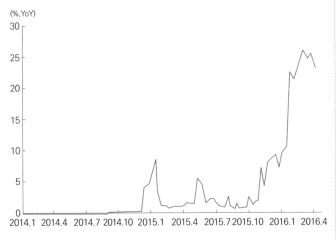

▶ 선진국 국채 중 마이너스 금리 채권의 비중

(%,YoY)

자료: 블룸버그

글로벌 저성장 기조가 장기화되는 가운데, ECB 등 주요 선진국이 마이너스 금리 정책을 도입함에 따라 주요국의 국채 금리는 마이너스로 하락했다. 특히 영국의 EU(유럽연합) 탈퇴를 묻는 브렉시트(Brexit) 투표가 가결됨에 따라 위험회피 현상으로 주요 선진국의 마이너스 국채의 비중은 크게 높아졌다.

브렉시트

영국의 EU 탈퇴를 뜻하는 신조어로 영국(Britain)과 탈퇴(Exit)의 합성어다. 영국은 2016년 6월 23일 국민투표를 통해 브렉시트에 찬성했다.

되는 가운데, 몇몇 국가가 마이너스 금리 정책을 채택하면서 국채 금리가 마이너스까지 하락하는 기현상이 벌어졌다. 2016년 이후에는 미국을 중심으로 각국이 통화 정책 정상화에 나서면서 마이너스 금리 정책은 조금씩 정상화되고 있지만, 여전히 독일의 국고채 2년 금리 등 유럽의 단기국채 금리는 마이너스를 유지하고 있다.

채권의 금리가 마이너스라는 의미는 쉽게 이야기해

서 처음에 빌려준 돈보다 나중에 돌려받는 원금이 더 적어진다는 뜻이다. 그래서 한때는 채권을 '픽스트 인컴(fixed income)'이라고 부르지 않고 '픽스트 도네이션(fixed donation)'이라는 신조어로 칭하기도 했다. 이로 인해 향후 국채의 버블 붕괴를 우려하는 목소리가 여기저기 터져 나오고 있다. 만기에 손실이 확정되는 채권을 어느 누가 사려고 할 것인가? 마이너스 금리 국채도 제2의 튤립 버블처럼 지속되기 어려울 것이라는 우려가 커지고 있는 것이다.

하지만 마이너스 금리임에도 불구하고 여전히 국채에 투자하고 국채를 보유하려는 수요는 충분히 존재한다. 이러한 수요는 크게 투기적인 수요, 환차익 수요, 담보 및 규제에 따른 의무보유 수요, 디플레이션 헷지 수요 등으로 나누어볼 수 있다.

첫째, 마이너스 금리 폭이 커지면 이익을 낼 수 있다. 채권을 투자해서 얻을 수 있는 수익은 크게 '이자 수익'과 '자본 손익'으로 구분할 수 있다. 만약 -0.1% 금리의 채권을 살 경우 이자는 -0.1%로 손해지만, 나중에 채권을 -0.2%로 매도할 수 있다면 0.1%p만큼의 차익이 발생하게 되는 것이다. 향후 마이너스 금리 하락 폭이 커질 것으로 예상한다면 마이너스 금리의 채권을 살 유인은 여전히 존재한다.

둘째, 외국인 투자자 입장에서는 마이너스 금리 채권이

픽스트 도네이션

확정수익을 제공하는 안전 투자 상품인 채권이 이제는 발행기관에 일정액을 기부하며 손해보는 투자가 된 비정상적인 시장 상황을 빗댄 것이다.

디플레이션

경제 전반적으로 상품과 서비스의 가격이 지속적으로 하락하는 현상이다라고 하더라도 통화가치가 상승할 경우 이익을 볼 수 있다. 만약 해외채권에 투자하는 경우라면 앞에서 언급한 이자 수익과 자본 손익 외에도 환차익이 추가된다. 특정 국가의 통화가치가 상승할 것이라는 확신이 든다면 마이너스 금리부의 채권이라도 여전히 투자대상으로서 유인이 있다.

셋째, 담보 및 규제로 인해 마이너스 금리라도 국채를 의무적으로 보유해야 한다. 대규모의 자산을 운용하는 기관 투자자의 경우 마이너스 금리라고 해서 현금을 금고에 쌓아둘 수는 없다. 자산배분 관점에서 일부는 기본적으로 채권자산을 편입해야 하며, 보험사와 연기금 등 장기 투자기관의 경우 각종 유동성 비율을 맞추고 자산-부채 관리(ALM; Asset-Liability Management)를 위해서는 환금성이 좋고 투자 만기가 긴 국채를 우선적으로 보유할 수밖에 없다. 사막에서 넥타이는 아무짝에도 쓸모없지만, 만약 넥타이가 오아시스에 들어가기 위한 필수 지참품이라면 아무리 비싸더라도 넥타이를 사서 가지고 다닐 수밖에 없는 것이다.

> **자산-부채 관리**
> 금융기관이 보유하고 있는 자산과 부채의 만기를 일치시켜서 금리변동에 따른 자산과 부채 간의 가격변화 위험을 상쇄하는 것을 말한다.

넷째, 디플레이션이 발생하면 마이너스 금리도 실질금리로는 플러스다. 만약 향후에 디플레이션이 발생해 물가상승률이 마이너스 수준으로 떨어진다면 그보다 높은 마이너스 금리를 제공하는 채권은 실질금리가 플러스(+)이기 때문에 여전히 투자가치가 있는 것이다. 디플레이션 환경에서는 모든 금융자산의 가격이 하락압력을 받을 것이므로 그나마 원금손실률이 고정되는 마이너스 금리 채권은 투자대안으로서의 역할을 할 수 있다.

이처럼 국채의 경우에는 마이너스 금리임에도 불구하고 투기적인 수요뿐 아니라 제도적인 수요가 존재한다. 또한 마이너스 금리가 유지될 수 있는 가장 큰 이유는 주요국 중앙은행이 더 낮은 마이너스 금리에 채권을 사줄 것이라는 믿음이 있기 때문이다. 특히 유럽중앙은행(ECB) 이나 일본중앙은행(BOJ)의 경우 양적완화(QE; Quantitative Easing)를 통해 매입하는 대상 채권이 매입 금액보다 적게 공급됨에 따라 매입 금리의 하한선이 계속해서 마이너스 수준에 머물 것이라는 전망이 유지되고 있다.

양적완화
중앙은행이 통화를 시중에 직접 공급해 신용경색을 완화시키고, 경기를 부양 시키는 통화 정책이다.

마이너스 금리는 경쟁적인 통화완화의 부산물

한편 근본적으로 국채 금리가 마이너스로 하락한 가장 큰 배경에는 주요국의 중앙은행이 경쟁적으로 통화완화 정책을 실시하면서 급기야 마이너스 금리 정책을 도입한 영향이 크다. 2008년 글로벌 금융위기 이후 세계경제는 디플레이션 위협에 맞서 공격적인 통화완화 정책을 시행해

▶ **주요국의 마이너스 금리 정책 도입 현황**

(단위: %)

	국가	공개시장 기준금리	수신금리	대출금리
기축 통화국	ECB	0.00	-0.40	0.25
	일본	-	-0.10	0.30
유로 지역 주변 국가	스위스	-1.25~-0.25	-0.75	-
	덴마크	-	-0.65	0.05
	스웨덴	-0.50	-1.25	0.25

주: ECB, 스웨덴, 스위스의 기준금리는 각각 MRO, RP 7일물, 3개월 리보 금리
자료: 각국 중앙은행

왔으며, 자국의 통화가치를 떨어트려 이익을 보려는 이른
바 근린궁핍화정책(beggar my neighbor policy)을 펴는 과정
에서 일부 국가는 기준금리를 마이너스로까지 인하하는
초강수를 두게 되었다.

　마이너스 금리 정책이란 명목금리의 하한을 제로(0)로
여겼던 기존의 고정관념에서 벗어나 기준금리를 마이너
스로 떨어트린 것으로, 적용 대상은 중앙은행 예치금에
적용되는 수신금리나 시중 유동성 흡수에 사용되는 공개
시장조작의 준거금리 등이다.

　현재까지도 ECB, 스위스, 스웨덴, 덴마크, 일본 등 5개
중앙은행이 마이너스 금리 정책을 운영하고 있으며, 지역
별로 운영하는 방식과 규모가 크게 다르다. 마이너스 금리
정책의 운영 현황을 알기 위해서는 먼저 정책금리의 다양

리보

London Inter-Bank
Offered Rate의 약자로
LIBOR라고 부른다. 원래
는 런던의 금융시장에 있
는 은행 중에서도 신뢰도
가 높은 일류 은행들끼리
단기적인 자금 거래에 적
용되는 대표적인 단기금리
를 말했으나, 지금은 우량
금융기관의 단기금리에 적
용되는 금리를 통칭한다

근린궁핍화정책

자국의 통화가치를 약화시
켜 다른 국가의 경제를 궁
핍하게 만들면서 자국의 경
기회복을 꾀하는 정책이다.

▶ 국가별 마이너스 금리 정책 도입 대상 비교

국가	마이너스 금리 적용 범위	
	적용 제외	적용 대상
ECB	필요지준 (0.0%)	초과지준/대기성수신 (-0.4%)
일본	기초잔액(0.1%)/ 매크로 잔액(0.0%)	정책금리 대상 잔액 (-0.1%)
스위스	필요 지준의 약 20배 (0.0%)	면제한도 초과 당좌예금 (-0.75%)
덴마크	면제 규모의 당좌예금 (0.0%)	CD잔액 (-0.65%)
스웨덴	-	CD잔액(-0.5%) 미세조정 필요 시(-0.6%) 대기성수신(-1.25%)

자료: 각국 중앙은행

RP

Repurchase Agreements
의 약자로 환매조건부매매
를 말한다. 금융기관이나
중앙은행이 일정 기간 후
확정금리를 보태어 되사거
나 파는 조건으로 거래하는
채권이다.

지급준비금(지준)

금융기관이 예금자들의 인
출 요구에 대비해 예금액
의 일정 비율 이상을 중앙
은행에 의무적으로 예치하
는 금액이다.

한 형태를 구분할 필요가 있다. 현재 중앙은행이 관리하는 주요 정책금리는 공개시장조작 준거금리, 중앙은행 예치금에 적용되는 수신금리, 중앙은행의 대출금리 등이 있다.

먼저 공개시장조작의 준거금리는 한국은행이 관리하는 기준금리와 같은 것으로 중앙은행이 유동성을 흡수할 때 기준이 되는 목표금리를 말한다. 국내에서는 'RP 7일물 금리'를 기준금리로 삼고 있다. 그다음으로 중앙은행 예치금에 적용되는 수신금리는 시중은행이 지급준비금 의무에 의해 중앙은행에 예치하는 지급준비금과 초과 지급준비금에 적용되는 금리로, 현재 대부분의 국가가 여기에 마이너스 금리를 부과하고 있다. 마지막으로 중앙은행의 대출금리는 중앙은행이 시중은행에 대출할 때 적용하는 대출금리를 의미한다.

현재 ECB, 덴마크, BOJ의 경우 기준금리는 제로(0) 이상이지만, 시중은행이 중앙은행에 예치한 초과 지급준비금에 마이너스 금리를 부과한 형태다. 반면 스위스와 스웨덴의 경우에는 중앙은행의 예치금에 적용되는 수신금리뿐 아니라 실제 유동성 흡수에 적용되는 기준금리에도 마이너스를 적용하고 있다. 자세한 내용은 국가별 비교표를 참고하기 바란다.

마이너스 금리 정책을 중단하기 어려운 이유

마이너스 금리 정책의 표면적인 목적은 은행권의 대출 확대를 독려해 실물경제를 지원하는 것이다. 대부분 마이너스 금리 정책을 도입한 국가의 경우 시중은행이 중앙은행에 예치한 초과 지급준비금에 대해 마이너스 금리를 적용하고 있는데, 이는 시중은행들로 하여금 더 많은 대출을 유도하기 위해서다.

하지만 실물경제가 여전히 부진하고 신용 리스크가 크다 보니 은행권 입장에서는 초과 지급준비금에 벌칙금리

▶ 마이너스 금리 정책 도입 이후 통화가치 추이

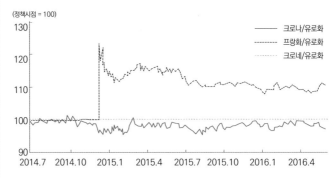

(정책시점 = 100)

자료: 블룸버그

해당 통화 한 단위당 유로화의 가치를 표현한 것으로 100 이상인 경우에는 해당 통화의 절상을 의미한다. 주요국이 마이너스 금리 정책을 도입한 이후 각국의 통화가치는 추가 강세가 제한되는 모습을 보였다. 이는 마이너스 금리 정책이 해외자금의 유입을 막고, 로컬자금의 유출을 촉진하기 때문이다.

를 내면서도 여전히 대출활동에 소극적인 상황이다. 그래서 최근 ECB는 TLTRO2(목표 장기 대출 프로그램)를 통해 은행권이 비금융기관에 대출을 할 경우 중앙은행이 정책금융의 성격으로 시중은행에 자금을 마이너스 금리로 공급해주고 있다.

이처럼 마이너스 금리 정책이 실제로 시중에 유동성을 공급하고 실물경제를 지원하는 효과가 크지 않음에도 불구하고 주요국 중앙은행이 마이너스 금리 정책을 고수하는 이유는 무엇일까? 이는 마이너스 금리 정책이 외환시

크로나

스웨덴 통화를 말한다.

프랑화

스위스 통화를 말한다.

크로네

노르웨이 통화를 말한다. 유로화와 환율이 고정되어 있다.

TLTRO

Targeted Long-Term Refinancing Operation 의 약자로 목표 장기 대출 프로그램을 말한다. 유럽 중앙은행이 민간대출 확대를 장려하기 위해 시중은행이 비금융권 회사에 대출을 해줄 경우 정책적으로 낮은 금리로 자금을 공급하는 프로그램이다.

96

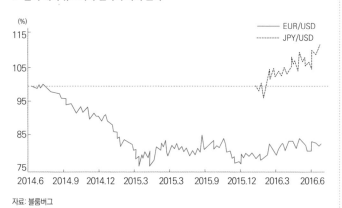

▶ 달러 대비 유로화와 엔화의 가치 변화

자료: 블룸버그

일본의 경우에는 BOJ가 마이너스 금리 정책을 도입했음에도 불구하고 엔화 강세 추세가 지속되었다. 이는 상대적으로 다른 나라에 비해서 마이너스 금리 정책이 약한 가운데, 대외 이벤트 리스크 확대로 안전자산으로서 엔화에 대한 수요가 급등했기 때문이다.

장 측면에서는 자국의 통화가치를 떨어트리는 효과가 있기 때문이다. 사실상 통화전쟁의 일환으로 마이너스 금리 정책이 사용되고 있는 것이다.

마이너스 금리 정책을 통한 자국의 통화가치 절하 시도는 시장금리 하락을 통해 외부 자금의 유입을 막고 로컬 자금의 유출을 유도하는 방식이다. 실제로 유로화는 마이너스 금리를 도입한 이후 통화 약세를 보였으며, 스웨덴과 덴마크도 마이너스 금리를 도입한 이후 안정적인 환율 관리가 이루어지고 있다. 스위스의 경우 2015년 1월, 최

통화전쟁
각국이 수출 경쟁력을 높이기 위해 경쟁적으로 외환시장에 개입해 자국의 통화가치 하락을 유도하는 경제전쟁이다.

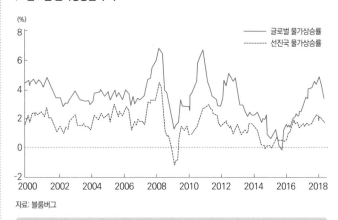

▶ 글로벌 물가상승률 추이

(%)

— 글로벌 물가상승률
---- 선진국 물가상승률

자료: 블룸버그

> 글로벌 물가상승률은 2016년 이후 미국을 중심으로 한 주요국들의 리플레이션 정책에 힘입어 상승세를 보였으나, 2018년 하반기부터는 다시 하락세로 전환되었다. 이는 근본적으로 원자재 시장을 중심으로 공급과잉이 지속되는 가운데, 미중 간 무역분쟁 우려 등으로 글로벌 경기 둔화 가능성이 커졌기 때문이다.

저 유로화 환율제도를 폐지하면서 화폐가치가 급등했으나, 당월에 추가로 수신금리를 50bp 하향 조정하면서 해당 월 기준으로는 통화가치 절하를 유도하는 데 성공했다.

다만 일본의 경우에는 2016년 1월 말 BOJ가 마이너스 기준금리를 도입한 이후 예상과 달리 오히려 엔화가 강세를 보였는데, 이는 외부 효과가 그 이상으로 나타났기 때문이다. 당시 연준의 금리 인상 시기가 지연되고 유럽 도이치뱅크의 코코본드(CoCo Bond; Contingent Convertible Bond) 이자 미지급 이슈가 불거짐에 따라 달러화와 유로

코코본드
유사 시 투자 원금이 주식으로 강제 전환되거나 상각된다는 조건이 붙은 채권을 말한다.

화는 약세를 보였으며, 이로 인해 상대적으로 안전자산인 엔화가치가 급등하는 모습을 보였다. 결국 BOJ의 마이너스 금리 정책이 효과가 없었다기보다는 그 이상의 통화가치 절상 압력이 외부에서 나타났다고 보는 것이 타당하다.

통화전쟁이 끝나야 마이너스 금리도 사라진다

지금까지 살펴본 바와 같이 마이너스 금리 채권을 둘러싸고 제2의 튤립 버블에 빗댈 정도로 버블 붕괴에 대한 우려가 커지고 있지만, 이 같은 상황이 쉽게 끝날 것 같지는 않다. 근본적으로 세계경제의 성장이 정체된 상황에서 정치적으로는 '보호 무역주의'의 형태로, 통화 정책 측면에서는 '환율전쟁'의 형태로 자국 이기주의적인 성향이 짙어질 수밖에 없기 때문이다. 이로 인해 주요국 중앙은행의 경쟁적인 통화완화 정책은 지속될 것으로 보이며, 마이너스 금리 채권 역시 상당 기간 유지될 것으로 예상된다.

　과거 튤립 버블이 일시에 붕괴된 이유는 튤립이 투기적인 수요 말고는 거래 유인이 없었고 투기적인 수요가 한순간에 싸늘하게 식어버렸기 때문이었다. 하지만 국채의 경우에는 비록 마이너스 금리라고 할지라도 풍부한 유동성과 제도적인 요인으로 인해 여전히 채권을 보유할 동기

보호 무역주의
한 국가가 외국과의 무역에 간섭해 외국 제품과 경쟁을 제한해서 국산품을 보호하고 장려하는 주의다.

가 충분하다. 특히 각국 중앙은행은 여전히 디플레이션 압력과 맞서기 위해 통화전쟁을 벌이는 과정에서 지금보다 더 낮은 마이너스 금리에도 사려고 할 것이다.

결국 어떻게 보면 마이너스 금리의 국채시장은 주요국 중앙은행들이 깔아놓은 합법적인 투전판이라고 할 수 있다. 언젠가는 버블이 붕괴되는 날이 오겠지만, 그 어느 중앙은행도 먼저 판을 깨려는 모습을 보이지 않는다. 특히 2016년 이후 미국 중앙은행이 기준금리 정상화에 나서면서 글로벌 통화 정책 기조의 변화를 가져왔지만, 미국을 제외한 주요 중앙은행들은 여전히 통화완화 기조에서 벗어나기를 주저하고 있다. 글로벌 저성장 문제가 해결되지 않는 한 시장 참가자 입장에서는 마이너스 금리라는 참가비를 지불하고서라도 시장에 남아 있기를 희망할 것이며, 주요국 중앙은행들이 뒤를 봐주는 한 투기적인 거래는 계속될 것이다.

돈을 풀어도 물가가 오르지 않는 까닭

1976년 노벨 경제학상을 받은 밀턴 프리드먼(Milton Friedman)은 자유방임주의와 시장제도를 통한 자유로운 경제활동을 주창한 미국의 경제학자다. 그가 남긴 수많은 명언 중에 가장 유명한 말은 아마도 "인플레이션은 언제 어디서나 화폐적 현상이다(Inflation is always and everywhere a monetary phenomenon)."라는 말일 것이다.

밀턴 프리드먼의 말대로라면 2008년 금융위기 이후 세계 각국이 경쟁적으로 쏟아낸 통화완화 정책은 인플레이션을 만들고도 남았어야 했다. 그러나 여전히 세계 경제는 디플레이션 공포에서 벗어나지 못했고, 주요 선진국의 물가상승률은 목표 수준 아래를 맴돌고 있다. 그렇게 많이 쏟아부은 유동성은 도대체 어디에서 무엇을 하고 있는 것일까?

이를 알기 위해서는 먼저 통화량과 물가상승률의 관계를 이해할 필요가 있다. 어빙 피셔(Irving Fisher)의 화폐수량설(quantity theory of money)에 따르면, 현재의 물가수준(P)에 산출량(Y)을 곱한 총 명목 거래량은 화폐량(M)에 화폐의 유통속도(V)를 곱한 값과 일치한다. 즉 MV=PY

화폐수량설
화폐공급량의 증감이 물가수준의 등락을 정비례적으로 변화시킨다고 보는 경제이론이다.

통화유통속도

일정 기간 한 단위의 통화가 거래에 사용되는 횟수를 나타내며, 일반적으로 명목 GDP를 광의통화로 나누어 계산한다.

다. 여기에서 통화유통속도(V)가 일정하다고 가정해 시간의 변화로 미분하면, '화폐의 공급증가율=물가상승률+실질 경제성장률'로 치환할 수 있다. 수식을 정리하면 '물가상승률=화폐공급증가율-실질 경제성장률'인 것이다. 따라서 실질성장률을 초과하는 화폐공급은 물가 상승으로 귀결되며, 경제가 장기균형이면 화폐공급은 곧 물가 상승이 된다.

그러나 중요한 것은 통화유통속도가 일정하지 않다는 점이다. 통화유통속도란 한 단위의 재화를 생산하는 데 한 단위의 통화가 몇 번 쓰였는지를 나타내는 지표다. 즉 1년간 재화와 용역의 생산량인 국민총생산을 1년간의 통화량 평균치로 나누어 계산하며, 실무적으로는 '명목 국내총생산(GDP)÷광의통화량(M_2)'으로 산출한다.

2008년 금융위기 전후로 미국과 한국의 통화유통속도를 비교해보면, 2010년을 고점으로 통화유통속도가 급격하게 하락하는 것을 확인할 수 있다. 이는 중앙은행이 시중에 본원통화를 계속해서 공급했지만, 통화유통속도가 현격하게 줄어들면서 실제로 재화와 서비스의 거래에는 사용되지 않았다는 것이다. 결국 혈액순환이 안 되는 것처럼 시중에 돈이 잘 돌지 않아 경제가 활력을 잃었다고 볼 수 있다.

더 큰 문제는 중앙은행이 발권한 본원통화보다도 시

광의통화

현금, 요구불예금, 수시입출식 저축성 예금을 의미하는 협의통화(M_1)에 만기 2년 미만의 정기 예·적금 및 금융채, 시장형, 실적배당형 상품 등을 포함한 것이다.

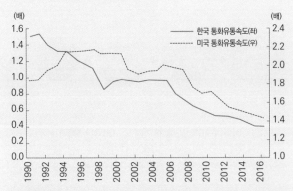

▶ 한국과 미국의 통화유통속도 추이

(배)
1.6
1.4
1.2
1.0
0.8
0.6
0.4
0.2
0.0

(배)
2.4
2.2
2.0
1.8
1.6
1.4
1.2
1.0

— 한국 통화유통속도(좌)
---- 미국 통화유통속도(우)

1990 1992 1994 1996 1998 2000 2002 2004 2006 2008 2010 2012 2014 2016

자료: 블룸버그

> 통화유통속도란 한 단위의 재화를 생산하는 데 한 단위의 통화가 몇 번 쓰였는지를 나타내는 지표다. 한국에서는 2005년을 정점으로 통화유통속도가 하락세를 지속하고 있다.

중 통화량이 늘어나지 않았다는 것이다. 이를 이해하기 위해서는 통화승수라는 개념을 이해해야 한다. 사실 엄밀히 말하면 중앙은행이 시중에 공급하는 것은 본원통화(reserve base)이며, 통화량은 본원통화가 신용창조 과정을 거치면서 늘어나는 통화의 양을 뜻한다. 지급준비율이 10%라고 가정한다면 신용창조 과정은 다음과 같이 이루어진다.

먼저 중앙은행이 발행한 100억 원이 A은행에 예치된다. 그다음 A은행은 지급준비율 10%에 따라 10억 원은

통화승수

본원통화 한 단위가 단위의 몇 배에 달하는 통화를 창출했는지를 나타내주는 지표다. 일반적으로 광의통화를 본원통화로 나누어 계산한다.

신용창조

은행의 대출에 의해 최초 예금액의 몇 배 이상으로 예금통화를 창출하는 현상을 말하며 예금창조라고도 한다.

▶ **금융기관의 신용창조 과정**

자료: 한국은행

> 지급준비율이 10%일 때 통화량 = 100억 + 90억 + 81억 + 72.9억 + ················ 100÷(1-0.9) = 1천억 원이다. 100억 원으로 시작한 본원통화가 1천억 원의 통화량이 되었다.

중앙은행에 예치하고, 나머지 90억 원을 대출해준다. 이는 다시 B은행에 예치된다. B은행은 지급준비율 10%에 따라 9억 원은 중앙은행에 예치하고, 나머지 81억 원을 대출해준다. 이는 다시 C은행에 예치된다. 이를 반복하면 실제로 시중에 유통되는 유동성은 100억 원의 10배인 1천억 원이 된다. 즉 통화승수는 10배가 되는 것이다. 이는 곧 '1÷지급준비율(10%)'이라고 할 수 있다.

주목할 것은 시중은행이 대출을 꺼리면서 중앙은행이 공급한 돈이 고스란히 중앙은행에 다시 초과 지급준비금으로 쌓이고 있다는 것이다. 2008년 금융위기 이후 신용위험이 높아지면서 중앙은행이 시중은행에 아무리 돈을 풀어도 시중은행은 민간에게 대출하지 않고 있다.

▶ 한국과 미국의 통화승수 추이

(배) 한국 통화승수(좌) / (배) 미국 통화승수(우)

자료: 블룸버그

> 통화승수란 통화량(M2)을 중앙은행이 공급하는 본원통화로
> 나눈 것으로, 중앙은행이 본원통화 1원을 공급했을 때 몇 배
> 에 달하는 통화를 창출했는가를 나타내는 지표다. 한국의 통
> 화승수는 2009년 이후 하락세를 지속하고 있다.

시중은행은 늘어난 유동성을 고스란히 중앙은행에 다시
예치해버리니 신용창조 과정은 이루어지지 않고, 시중
에는 여전히 돈이 돌지 않는 현상이 나타나는 것이다.

결국 금융위기 이후 그토록 많은 유동성이 공급되었
으나, 실제로는 그 돈이 다시 중앙은행에 되돌아오고 있
는 상황이 현재의 낮은 물가상승률을 만들어내고 있다
고 보아야 할 것이다. 지금 일부 국가들이 시행하고 있는
마이너스 금리 정책은 바로 시중은행이 중앙은행에 초

과로 맡기는 지급준비금에 벌칙성으로 마이너스 금리를 매겨서 실물경제에 좀 더 많은 유동성을 공급하라는 압박인 것이다.

그렇다면 영원히 인플레이션은 오지 않을 것인가? 시중은행이 초과 지급준비금으로 중앙은행에 쌓아놓은 예치금을 다시 시중에 공급하게 된다면, 그동안 풀린 엄청난 유동성은 폭발적인 인플레이션으로 나타날 것이다. 결국 키는 공급과잉의 해소와 새로운 수요의 등장 여부에 달려 있다. 현재 세계경제는 공급과잉과 총수요 부족이라는 이중고에서 완전히 벗어나지 못하고 있다. 현재의 공급과잉이 조정되거나 새로운 수요가 발생해야 마침내 인플레이션이 발생할 수 있을 것이다.

문제는 공급과잉이 해소되기까지는 상당한 시간이 필요할 것이며, 글로벌 총수요 역시 중국경제의 구조 변화에 기인한 구조적 수요 둔화를 감안하면 단기간에 회복되기는 어려울 전망이다. 따라서 새로운 산업의 등장이나 전쟁처럼 신규 수요를 발생시키는 이벤트가 발생하기 전까지 인플레이션은 상당 기간 낮은 수준에 머물 수밖에 없을 것이며, 지금과 같은 과잉 유동성 상황은 지속될 것으로 예상된다.

초과 지급준비금
금융기관이 필요한 지급준비금 이상으로 중앙은행에 예치하는 준비금이다.

이제는 '금리가 말하는 미래'에 대해 정리하는 시간을 갖고자
한다. 먼저 세계경제 편이다. 미국채 시장에서 일부 구간의 장
단기 스프레드가 역전되고 있음을 감안하면 미국경제의 둔화
국면이 다가오는 것으로 여겨진다. 중국의 신용 스프레드가 확
대되고 있다는 점에서 추가적인 신용팽창은 어려워 중국경제
의 둔화 흐름도 지속될 전망이다. 유로존에서는 일부 재정위기
국가들과 독일 간의 금리 스프레드가 높은 수준을 유지하고 있
어 유로존의 붕괴 우려가 반복될 것으로 예상된다. 주요국의 물
가채 BEI가 다시 하락세로 전환됨에 따라 글로벌 디플레이션
에 대한 우려가 다시 높아질 것으로 보인다. FF선물 시장에 의
하면 미국의 금리 인상 사이클은 종료된 것으로 보이며, 빠르면
2020년부터 기준금리 인하 사이클이 시작될 것으로 전망된다.
이로 인해 달러화는 제한적인 약세흐름이 예상된다.

5장

금리가 말하는 미래_
세계경제

미국경제의 둔화 국면이 다가온다

그동안 중국이 G2로서 세계경제에서의 위상이 높아졌지만 여전히 미국경제가 세계경제에서 차지하는 영향력은 매우 크다. 지금은 예전보다 미국경제가 세계경제에 미치는 기여도가 크게 줄어들었지만, 2017~2018년 미국경제가 높은 성장을 보이면서 세계경제의 버팀목이 되었던 것은 부정할 수 없는 사실이다.

그러나 최근 미국의 장단기 스프레드를 살펴보면, 미국경제가 정점을 찍고 이제는 둔화 국면이 다가오는 것으로 보인다. 전통적으로 채권시장에서는 장단기 금리 차

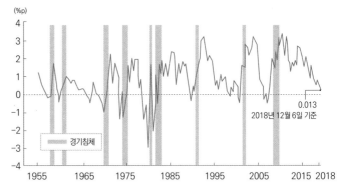

▶ **미국채 2/10년 스프레드 역전 이후 경기침체 뒤따라**(미국채 10년물과 2년물 금리 차)

자료: 샌프란시스코연방준비은행

> 과거 미국에서는 국고채 10년과 국고채 2년 금리가 역전된 이후는 경기침체가 뒤따르는 것으로 나타났다. 최근에도 국고채 2/10년 스프레드 축소가 진행되고 있어 경기침체에 대한 우려가 높아지고 있는 상황이다.

가 미래 경제를 예측하는 데 매우 뛰어난 지표라고 인식되어왔다. 실제로 미국에서는 1950년대 이후 장단기 금리 차가 역전되었던 9번 중에 1966년을 제외한 8번의 경우에서 경기침체가 나타났다. 현재 미국채 시장에서는 국고채 5년 금리가 국고채 2년 금리를 하회하면서 장단기 금리 차가 역전되었다. 아직은 국고채 10년과 국고채 2년 금리가 역전되지 않았지만, 현재의 분위기라면 국고채 2/10년 스프레드가 역전되는 시간도 멀지 않은 것으로 보인다.

일반적으로 만기가 긴 채권의 금리는 원금상환의 불확

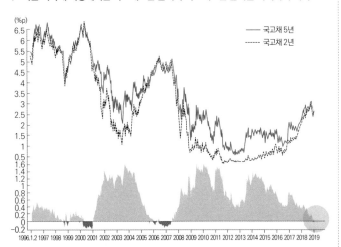

자료: 블룸버그

지난 2018년 12월부터 미국채 시장에서는 국고채 5년 금리가 국고채 2년 금리를 하회하기 시작했다. 아직 국고채 10년과 국고채 2년 금리는 역전되지 않았으나, 현재의 추세가 이어진다면 국고채 2/10년 스프레드가 역전되는 것도 시간문제로 보인다.

실성이 크기 때문에 짧은 만기 채권의 금리에 비해 더 높게 형성되기 마련인데, 지금은 반대의 상황인 것이다. 결국 채권시장에서는 지금 당장은 경제 상황이 괜찮기 때문에 단기금리가 높게 형성되지만, 미래에는 경제 상황이 안 좋아질 것이라는 예상으로 장기금리가 낮아지고 있는 것이다.

　과거 미국에서는 장단기 금리 차가 역전된 이후 경기침

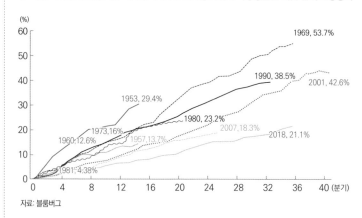

자료: 블룸버그

확장기	연간성장률	누적성장률	지속기간(분기)	순위
1970년	4.8%	53.7%	35	1
2001년	3.5%	42.6%	40	2
1990년	4.0%	38.5%	32	3
1953년	7.1%	29.4%	14	4
1980년	3.9%	23.2%	20	5
2019년	2.1%	21.1%	39	6
2007년	2.6%	18.3%	25	7
1973년	4.7%	16.0%	12	8
1957년	3.7%	13.7%	14	9
1960년	5.8%	12.6%	8	10
1981년	3.2%	4.4%	4	11

역사적으로 미국경제가 가장 긴 확장 기간을 지낸 것은 1991~2001년 까지 IT호황 기간의 120개월이었다. 최근의 경우에는 지난 2009년 5월을 저점으로 2019년 2월 현재, 117개월간 경기확장 기간을 보이 며 역대 두 번째를 기록하고 있다. 다만 경기확장 기간의 누적성장률은 여섯 번째 수준으로 그동안의 경기확장이 완만하게 진행되어왔음을 알 수 있다.

체가 나타나기까지 시차가 짧으면 1분기(3개월)에서 8분기(2년)를 보였으며, 평균적으로는 5분기(1년 3개월)가 걸렸다. 이를 감안해보면 현재로서는 대략 2020년을 전후로 미국경제가 둔화 국면에 진입할 가능성이 높아 보인다.

미국의 경기 사이클을 보면 미국경제는 이미 정점을 지났다고 볼 수 있다. 미국의 경기 국면을 판단하는 전미경제연구소(NBER)에 따르면 미국경제는 지난 1980년 이후 평균적으로 94개월 확장하고, 13개월 둔화되는 모습을 보여왔다. 2019년 2월 현재, 지난 2009년 5월 이후 117개월째로 역대 두 번째 긴 경기확장 국면을 지났기에 미국경제가 이제 둔화된다고 하더라도 전혀 이상한 상황은 아니다.

전미경제연구소

National Bureau of Economic Research의 약자로 NBER이라고 불린다. 1920년 설립된 미국의 비영리 민간 연구조직이며, 미국경제에 대한 연구를 전문으로 한다.

실제로 최근 미국의 주택시장에서는 둔화 징후가 뚜렷해지고 있다. 주택거래량은 크게 하락했으며, 관련 기업의 주가도 급락하고 있는 것이다. 여기에 서브프라임 대출도 급격하게 늘어나고 있어 2008년 글로벌 금융위기를 일으켰던 '서브프라임 사태'가 재발하는 것이 아니냐는 우려감까지 커지는 상황이다.

이는 근본적으로 주택가격이 너무 높아졌기 때문이다. 미국 부동산가격을 살펴보면, 2012년부터 급격하게 상승하기 시작해 서브프라임 사태가 발생했던 2006년 가격을 넘어선 상태다. 이런 상황에서 금리 부담이 높아지고 추

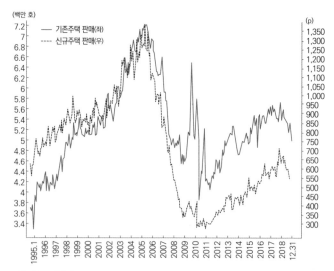

▶ 최근 미국의 주택 판매 건수는 하락세로 전환

(백만 호)
— 기존주택 판매(좌)
---- 신규주택 판매(우)

(p)

자료: 전미부동산협회

지난 2005년을 정점으로 미국의 주택 판매 건수가 하락세로 접어든 이후 2008년에는 서브프라임 부실화로 금융위기가 발생했다. 최근 상황은 2017년도 말을 정점으로 미국의 기존 및 신규주택 판매 건수가 하락세로 전환되었다. 향후 주택시장의 위축이 지속될지 여부가 미국경제의 향방에도 중요할 것으로 여겨진다.

가적인 주택가격 상승이 이루어지지 않는다면 주택시장발 경기 둔화 가능성이 재발할 위험성을 배제할 수 없어 보인다.

중국경제의 둔화가 지속된다

2000년대 초반만 해도 세계경제에서 불과 4%의 비중을 차지했던 중국경제가 2018년도에는 13%로 3배가 넘게 커졌다. 단일 국가로는 미국 다음으로 경제 규모가 커져서 G2라고 불리고 있으며, 이제 중국경제의 흐름이 세계경제를 좌우하는 상황에 이르렀다. 문제는 중국경제가 구조 변화를 시도하는 과정에서 경착륙 우려가 커지고, 세계경제 역시 이에 따른 부정적인 영향에서 자유로울 수 없다는 것이다.

지난 2000년부터 2010년까지 중국은 투자 확대를 통해서 고성장을 보이고, 대규모 원자재를 소비하면서 세계경제의 성장률을 끌어올리는 역할을 했다. 당시 중국은 도시화를 진행했으며, 2008년 베이징 올림픽을 치르느라 대규모의 인프라스트럭처(infrastructure) 투자에 나서는 상황이었다. 또한 올림픽 직후 2008년 글로벌 금융위기가 찾아오자 이를 타개하기 위해 재정을 늘리면서 지방 부동산 투자를 크게 확대했다.

인프라스트럭처
경제활동의 기반을 구축하는 시설·제도 등을 뜻하는 말이다.

하지만 GDP에서 투자가 차지하는 비중이 한때 48%로 절반 수준까지 이르자 버블 붕괴에 대한 우려가 커졌으며, 투자를 늘리는 과정에서 지방의 국유기업을 중심으로 늘어난 기업부채가 중국경제의 최대 불안 요인으로 떠올

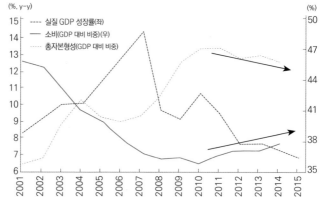

▶ 중국경제, 투자 주도에서 소비 주도로 경제구조 변화

자료: 블룸버그

> 2010년 이후 중국은 GDP의 거의 절반 수준으로 높아진 투자비중을 낮추고, 여전히 비중이 낮은 민간 소비비중을 높이는 구조개혁을 실시하고 있다. 하지만 투자가 줄어드는 속도에 비해 소비가 올라오는 속도가 더디다.

총자본형성

쉽게 말해 설비 투자와 건설 투자 등을 통해 자본이 형성되는 것을 말한다.

신용팽창

은행이 예금된 돈의 일부를 고객에게 대부하고, 그것을 다시 예금시켜 원래 예금의 몇 배를 예금으로 만들어 내는 일이다. 신용창조와 같은 뜻이다.

랐다. 2018년 말 기준으로 중국의 GDP 대비 기업부채 비율은 160% 정도로 세계에서 가장 높은 축에 속한다. 이로 인해 2010년 이후 중국은 투자비중을 낮추고 민간 소비를 진작하는 구조 변화를 시도하고 있으며, 이 과정에서 성장의 간극으로 인해 중국경제는 둔화 압력을 받고 있는 상황이다.

문제는 2016년 이후 중국의 회사채 신용 스프레드는 확대 추세를 보이고 있어 더 이상 신용팽창에 기댄 투자

▶ 중국 회사채 스프레드 vs. 달러-위안 환율

자료: 블룸버그

2010년 이후 상대적으로 우량 등급의 신용 스프레드는 안정적이지만, BBB+ 이상 하위 등급의 신용 스프레드는 계단식의 확대 추세를 보이고 있다. 특히 2016년 들어 달러-위안화의 상승 폭이 가팔라지는 상황에서 하위 등급의 신용 스프레드도 확대되고 있어 신용 여건이 어려워지고 있음을 시사하고 있다.

확대를 기대하기는 어렵다는 점이다. 2010년 이후 등급별로 회사채 스프레드를 살펴보면 AA-와 A등급의 회사채 3년과 국고채 3년과의 신용 스프레드는 안정적이나, BBB+등급의 신용 스프레드는 단계적으로 확대되고 있다. 중국의 국고채 금리 자체도 최근 글로벌 금리의 하락세에 비하면 하락 폭이 제한적이라 실제 중국의 하위 등급 회사채 시장에서 신용 여건이 악화되고 있는 것으로

신용 여건

돈을 얼마나 쉽게 빌릴 수 있는지 또는 채무자의 채무변제 능력이 우수한지 여부를 말한다.

여겨진다.

더욱이 미국과 중국 간의 무역분쟁이 장기화될 가능성이 크다는 것도 중국경제에는 부담이다. 이미 중국경제에 악영향이 현실화되고 있다. 지난 2018년 4분기 중국의 경제성장률은 6.4%로 2009년 글로벌 금융위기 이래 최저 수준으로 떨어졌다. 이는 중국정부가 제시한 경제성장률 목표치 6.5%에는 대체로 부합하지만, 2017년 1분기에 6.9%로 정점을 찍은 뒤 경제성장률이 계속해서 하락하고 있어 우려감이 커지고 있다.

경제 상황을 호전시키기 위해 중국 금융당국은 이미 2018년 중에만 지급준비율을 네 차례나 인하했지만 성장률을 떠받치기에는 역부족인 모습이다. 이로 인해 국제통화기금(IMF)은 2019년 중 중국의 경제성장률이 6.2%로 떨어질 것이라 내다봤고, 중국 대표 싱크탱크인 사회과학원마저 6.3% 수준으로 예상하고 있다.

미국과 중국 간의 무역분쟁은 단기적으로는 트럼프 행정부가 2020년 재선을 앞두고 일시적으로 화해 무드를 조성할 것으로 예상되지만, 장기적으로는 상당 기간 지속될 것으로 전망된다. 근본적으로 현재의 미중 간 무역분쟁은 패권싸움의 일부분에 지나지 않기 때문에 완전하게 승부가 기울기 전까지는 미국과 중국의 갈등은 지속될 수밖에 없다는 이유에서다.

발단은 지난 2013년 3월, 공산당 전국인민대표회의에서 시진핑 주석이 중국몽(中國夢)을 외치면서부터였다. 중국몽이란 '봉건왕조 시기에 조공질서를 통해 세계의 중심역할을 했던 전통 중국의 영광을 21세기에 되살리겠다는 의미'로서 사실상 영구집권의 가능성을 열어둔 시진핑 주석의 야심찬 의지가 표명이 된 것이다.

이미 중국은 지난 2015년에 리커창 총리가 10대 핵심산업을 육성해 2025년까지 글로벌 제조업 강국 대열에 합류하겠다는 '제조2025' 계획을 발표한 바 있다. 이처럼 중국이 세계경제의 중심국이 되겠다는 의지를 내비치자 당연히 기존의 패권국인 미국 입장에서는 불편한 심기를 가질 수밖에 없는 것이다.

이러한 미국과 중국의 대립구도에 대해 하버드대학의 그레이엄 앨리슨은 '투키디데스의 함정'으로 설명한다. 투키디데스 함정이란 새로운 강대국이 부상하면 기존의 강대국이 이를 두려워하게 되고, 이 과정에서 전쟁이 발발하게 된다는 것이다. 과거 펠로폰네소스 전쟁도 근본적인 원인은 급격히 부상하던 아테네와 이를 견제하려는 스파르타가 빚어낸 구조적인 긴장관계의 결과였다고 볼 수 있다.

이미 트럼프 행정부는 장기전을 염두에 두고 최근에는 환율조작국 지정까지 거론하면서 위안화 가치 절하를 통

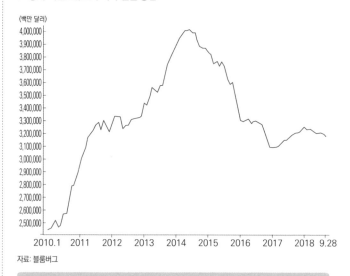

▶ 중국 외환보유고 추이와 월별 증감

(백만 달러)

자료: 블룸버그

중국의 외환보유고는 약 3조 2천억 달러로 전 세계에서 가장 많다. 하지만 2015년 이후 위안화의 대규모 평가 절하와 핫머니들의 위안화 매도 공격으로 인해 외환보유고가 급격하게 줄어들었다. 다만 2017년 이후에는 외환보유고의 감소세가 주춤해지고 안정적인 모습을 보이고 있다.

해서 관세부과 효과를 상쇄하고 있는 중국을 압박하고 있다. 또한 화웨이를 기소하는 등 기술유출에 대한 경각심을 높이고 있다. 중국 입장에서도 시황제로 일컬어질 정도로 절대 권력을 얻게 된 시진핑 주석이 자존심을 구겨가면서 미국에게 백기를 들기는 쉽지 않아 보이며, 단기적으로는 트럼프 대통령과 갈등을 최소화하고, 이후 새로운 행정부가 들어올 때까지 특유의 '만만디(慢慢的)' 전략을 펼칠 것으로 예상된다.

만만디
'천천히'라는 의미의 중국어로 느긋하고 여유 있는 중국인들의 삶의 태도를 표현한다.

다만 2014년을 고점으로 가파르게 하락했던 외환보유고가 2017년 이후로는 대체로 안정적인 모습을 보이고 있어 한때 불거졌던 중국의 외환위기 가능성은 낮은 것으로 여겨진다. 중국이 지금은 미국과 갈등을 지속하고 있으나, 결과적으로 미중 간 무역분쟁이 화해 국면으로 들어설 경우 위안화의 강세를 용인하는 쪽으로 진행될 것으로 보여, 위안화가 급락하고 이로 인해 해외자금이 유출되는 최악의 상황으로 전개될 가능성은 낮아 보인다.

유로존의 붕괴 우려가 반복된다

지난 2010년대 초반 그리스를 시작으로 확산된 PIIGS(Portugal, Italy, Ireland, Greece, Spain) 국가들의 재정위기는 유럽중앙은행(ECB; European Central Bank)이 강도 높은 통화완화 정책을 펴는 가운데, 그리스에 대한 국제채권단(IMF, EU, ECB)의 구제금융 결정으로 인해 일단락되었다.

국제채권단
그리스 구제금융에 자금을 공급한 IMF, EU, ECB를 통칭하며, 트로이카라고도 한다.

하지만 여전히 재정위기 국가들의 부채 규모는 줄어들지 않고 높은 수준을 유지하고 있으며, 그리스의 경우에는 매년 일정 조건을 만족해야 구제금융이 연장되는 불안

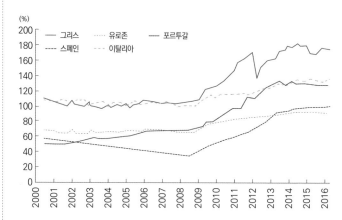

▶ 주요 유럽국가들의 GDP 대비 국가부채 비율 추이

자료: 블룸버그

유로존 중에서도 재정 상태가 상대적으로 취약한 국가들인 포르투갈, 아일랜드, 이탈리아, 그리스, 스페인 등을 일컬어 PIIGS라고 부른다. 이들 국가들의 평균 GDP 대비 국가부채는 100% 수준에 육박한다.

정한 형태를 취하고 있다. 이런 상황에서 EU의 붕괴 가능성이 높아진다면 재정위기 국가들에 대한 지원 역시 약해질 수 있으며, 이는 재정위기 국가들의 국채에 대한 신뢰를 떨어트리면서 국채 금리 상승이 다시 재정위기를 악화시키는 악순환의 고리를 만들 수 있다.

실제로 최근 재정이 취약한 국가들과 독일 간의 국채 금리 스프레드를 살펴보면 이러한 우려가 여전히 반영되어 있음을 알 수 있다. 전반적으로 재정위기 국가들과 독

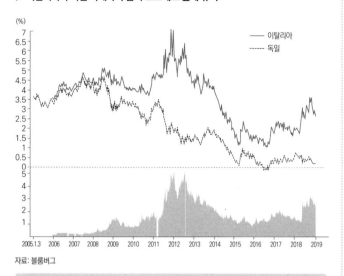

▶ 이탈리아와 독일 국채와의 금리 스프레드 높게 유지

(%)

— 이탈리아
---- 독일

2005.1.3 2006 2007 2008 2009 2010 2011 2012 2013 2014 2015 2016 2017 2018 2019

자료: 블룸버그

유로존 중에서도 재정 상태가 상대적으로 취약한 국가들과 재정이 건전한 독일과의 금리 차이를 보면 재정위기의 정도를 알 수 있다. 2018년 들어 이탈리아와 독일의 금리 차가 크게 확대되면서 재정위기 확산 우려를 재차 키우고 있다.

일 간의 금리 차이는 이전에 비해서는 안정되었지만, 이탈리아의 경우 2018년 들어 독일 국채와의 금리 차이가 확대되고 있다.

이탈리아는 당초 2019년 재정적자 목표를 GDP 대비 2.4%로 확대하기로 했다가 국채 금리가 치솟고, EU가 이를 승인하지 않고 제재를 부과하겠다고 하자 가까스로 2.04%로 수정한 바 있다. 현재 이탈리아의 국가부채 규모는 GDP 대비 131%로 높은 수준인 상황에서 여전히 재정 확대의 유혹에서 쉽게 못 벗어나고 있는 것이다.

가뜩이나 영국이 브렉시트(Brexit)를 둘러싸고 EU와 치열한 협상을 벌이고 있는 가운데, 향후 유로존에서 추가로 EU 탈퇴를 묻는 국민투표가 진행된다면 유로존 붕괴 가능성이 다시 부각될 것이다.

더욱이 현재 유로존의 중심인 프랑스와 독일에서도 반(反) EU 성향의 정당이 점차 영향력을 키우고 있어 유로존의 결속력이 크게 떨어질 수 있다. 최근 프랑스에서는 프렉시트(Frexit)를 주장하는 극우정당 '국민전선(FN)'이 세를 불리고 있으며, 독일에서도 마찬가지로 극우정당인 '독일을 위한 대안(AfD)'이 제3당으로 도약했다. 특히 유로존에서 가장 많은 분담금을 내는 독일에서 극우정당이 정권을 잡을 경우에는 유로존의 붕괴 우려가 더욱 높아질 것이다.

국민전선

Front National의 약자로 FN이라고 불린다. 프랑스의 민족주의 소수정당으로, 1972년 극우 정치인인 장 마리 르펜(Jean-Marie Le Pen)이 창당했다.

독일을 위한 대안

Alternative für Deutschland의 약자로 AfD라고 불린다. 독일의 우익대중주의, 유럽회의주의 정당으로 2013년에 창당되었다.

디플레이션 우려가 재차 불거질 것이다

2016년 2월 26달러를 바닥으로 국제유가가 2018년 10월 한때 75달러를 상회하면서 디플레이션 공포는 사라지고 이제 다시 인플레이션이 오는 것이 아니냐는 예상이 높아졌다. 그동안 국제유가 상승이 물가를 상승시키고, 이를 통해 명목성장률이 회복되면서 글로벌 투자와 소비도 일정 부분 회복되는 모습을 누렸기에 인플레이션이 지속되기를 바라는 마음이 생기기도 했다.

그러나 2018년 10월을 고점으로 국제유가가 다시 50달러대로 급락하면서 인플레이션에 대한 기대감은 크게 사그라졌다. 이런 상황에서 주요국의 물가연동 국채에 반영된 기대 인플레이션율을 살펴보면, 재차 디플레이션 우려가 커질 수 있음을 시사하고 있다.

채권 중에서도 물가연동 국채는 물가가 상승하는 만큼 만기에 받는 원금과 이자 수익이 늘어나는 구조를 가지고 있다. 따라서 동일 만기의 명목국채 금리와 물가연동 국채 금리의 차이에는 향후 인플레이션의 기대치가 반영되며, 이를 BEI라고 한다. 결국 BEI는 물가채와 명목국채의 가치를 동일하게 해주는 균형 물가상승률을 의미한다.

최근 미국과 독일의 BEI를 살펴보면, 2016년 초 국제유가가 바닥을 찍고 상승세로 전환되면서 동반 상승세를 보였으나, 2018년 말부터는 빠르게 하락세를 보이고 있다. 국제유가가 여전히 50달러를 회복했음을 감안하면, 최근의 BEI 하락세는 다소 과도하다고 할 수 있다. 결국 인플레이션에 그 어느 시장보다도 민감하게 움직이는 채권시장이, 그것도 인플레이션 기대치가 반영되는 BEI가

▶ 국제유가 상승률 vs. 물가상승률

자료: 블룸버그

2016년을 바닥으로 글로벌 물가상승률은 상승세를 지속했으나, 2018년 상반기를 고점으로 다시 하락 추세로 전환되었다. 최근 국제유가의 하락과 글로벌 경기 둔화를 감안하면 향후 물가상승률은 다시 완만하게 둔화되는 모습이 예상된다.

하락세를 보인다는 것은 무슨 의미일까? 이것은 채권시장에서 다시 디플레이션 압력이 높아질 것임을 반영하고 있다는 것이다. 더욱이 미국과 독일의 물가채는 거래량도 많기 때문에 유동성 프리미엄이 BEI에 미치는 영향도 크지 않다.

이처럼 채권시장이 다시 디플레이션을 우려하는 이유는 국제유가를 비롯한 다른 원자재가격이 재차 하락세로 전환되었기 때문이다. 국제유가가 75달러에서 한때 40달

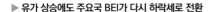
▶ 유가 상승에도 주요국 BEI가 다시 하락세로 전환

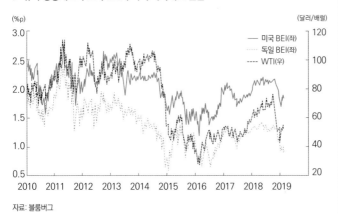

자료: 블룸버그

> 2018년 상반기를 고점으로 국제유가가 또다시 가파른 하락세를 보임에 따라 2018년 하반기부터는 기저효과로 인해 글로벌 물가상승률도 둔화될 것으로 예상된다. 주요국의 물가채 BEI를 보면 이미 이러한 움직임이 반영되고 있다.

러대로 순식간에 급락했다가 겨우 50달러대로 반등했으며, 구리와 알루미늄과 같은 산업용 금속가격들도 2018년 상반기를 고점으로 하락세로 전환되었다. 글로벌 총수요 측면에서도 중국경제의 둔화 압력이 커지는 가운데, 최근 미국경제 역시 정점 징후를 보이고 있다.

이러한 상황에서 BEI의 움직임이 의미하는 바는 단순히 국제유가는 산업용 금속가격의 하락을 반영하는 것이 아니라 향후 디플레이션 우려가 재차 커질 수 있음을 경고하는 것으로 여겨진다. 그동안 산유국들의 감산에도 불

▶ 산업용 금속가격은 여전히 저점 수준에 머물러 있어

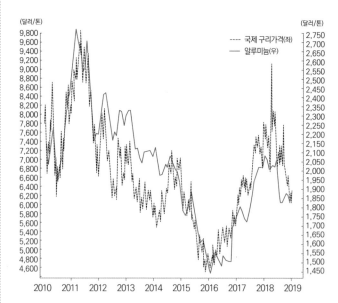

자료: 블룸버그

지난 2016년을 바닥으로 상승세로 전환되었던 구리와 알루미늄 등 비철금속가격이 2018년 상반기를 정점으로 다시 하락세로 전환되었다. 향후 디플레이션에 대한 우려가 커질 수 있음을 시사하는 대목이다.

구하고 국제유가의 과잉 공급이 크게 해소되지 않았으며, 지난 2년여 동안 미국경제의 호황으로 잠깐의 회복세를 누렸던 세계경제 역시 재차 둔화 압력이 커지고 있다.

결국 글로벌 수요가 뒷받침되지 않는 한 인플레이션 압력이 추세적으로 나타나기는 어려워 보이며, 최근 원자재

가격의 하락세와 글로벌 경기 둔화 징후를 감안할 때 머지않은 시간에 다시 디플레이션에 대한 우려가 커질 것으로 예상된다.

미국의 금리 인하 사이클이 다시 온다

지난 2018년 12월 FOMC 때만 하더라도 "점진적인 추가 금리 인상 기조(further gradual increases)"를 고수했던 미 연준이 2019년 1월 FOMC에서는 "금리 인상에 인내심(patient)을 갖겠다."며 달라진 입장을 보임에 따라 미국의 금리 인상 사이클 종료 시점을 두고 논쟁이 뜨거워지고 있다.

일각에서는 2018년 12월 FOMC에서 제시된 점도표에 기반해 1~2번은 추가로 기준금리가 인상될 것이라는 전망을 하고 있다. 참고로 미 연준의 통화 정책 회의는 1년에 여덟 차례 열리며, 특히 분기 말에 개최되는 회의에서는 성장률과 물가, 기준금리에 대한 연준 위원들의 전망치가 점도표(dot chart) 형태로 공개된다. 지난 2018년 12월 FOMC 당시 기준금리 전망치를 살펴보면 2019년 이후 기준금리는 2.75~3.00%에 이를 것이라는 전망이 가장 많았다. 이는 여전히 2019년에도 두 차례 정도의 추가 금리 인상이 있을 것임을 시사하는 것이다.

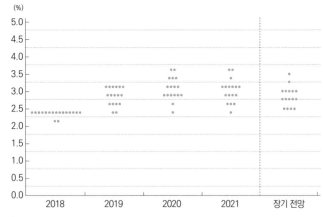

▶ 2018년 12월 FOMC에서 전망한 기준금리 점도표

자료: FRB

미국의 통화 정책 결정기구인 FOMC는 1년에 8번 정기회의를 개최한다. 이때 미 연준 위원들이 예상하는 기간별 성장률 전망치, 물가 전망치, 실업률 전망치, 기준금리 전망치 등이 점도표 형태로 발표된다. 이 회의를 통해 미 연준의 경제에 대한 시각을 엿볼 수 있다.

그러나 한편으로는 최근 미국경제가 둔화되기 시작했다는 것과 낮은 인플레이션율을 기반으로 지난 12월 FOMC에서의 금리 인상이 사실상 마지막이었으며, 다음 번 움직임은 기준금리 인하가 될 것이라는 주장이 제기되고 있다. 2018년 중 미국경제 성장률은 3.0%에 육박했지만, 2019년에는 2%대 초중반에 그칠 것으로 예상되고 있으며, 물가상승률 역시 최근 국제유가가 50달러대로 급락하면서 다시 연준의 목표 수준인 2.0%를 하회하고 있기

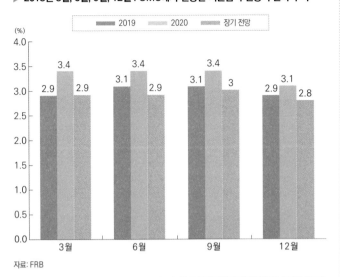

▶ 2018년 3월, 6월, 9월, 12월 FOMC에서 전망한 기준금리 전망치 변화 추이

자료: FRB

> 2018년 중 연준의 기준금리 전망 점도표를 살펴보면, 시간이 지나면서 연준 위원들의 전망치가 하향 조정되고 있음을 알 수 있다.

때문이다.

채권시장의 전망 역시 후자를 가리키고 있다. 현재 미국의 기준금리 인상 확률이 반영된 FF선물 시장을 살펴보면 2019년까지 기준금리가 현재 수준을 유지할 확률이 가장 높으며, 오히려 한 차례 금리가 인하될 가능성까지 일부 반영하고 있다.

실제로 제롬 파월 연준 의장은 현재의 기준금리 2.25~2.50%가 연준이 추정하는 중립금리의 레인지에 들어와

FF선물

미래의 어느 특정한 시점에 미 연준의 기준금리인 FFR에 대한 전망치가 거래되는 시장이다.

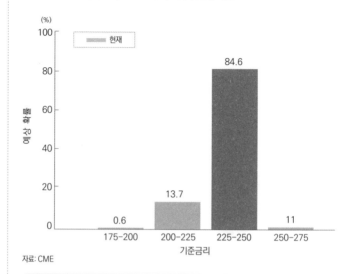

▶ 미국 CME 시장에 반영된 연준의 기준금리 변화 확률

(%)

예상 확률

현재

84.6

13.7

0.6

11

175-200　　200-225　　225-250　　250-275

기준금리

자료: CME

현재 CME의 FF선물 시장에 반영된 기대 확률에 의하면, 2019년 말까지 기준금리가 동결될 확률은 84.6%이며, 오히려 기준금리가 한 차례 인하될 확률을 13.7% 반영하고 있다. 추가로 기준금리가 인상될 것으로 예상하는 확률은 1.1%에 지나지 않다.

있다면서 추가적인 금리 인상에 대해서는 신중할 것임을 시사하고 있다. 트럼프 정부의 감세정책과 재정정책이 집중되어 고성장을 누렸던 2018년을 뒤로 하고 앞으로 성장률은 둔화될 수밖에 없다는 점에서 연준이 중립금리 이상으로 기준금리를 올릴 가능성은 낮아 보인다.

물가 역시 공유경제와 '아마존 효과(Amazon Effect)'로 일컬어지는 유통 혁신에 의해 장기적으로는 하방 압력을 받

▶ 아마존 효과로 일컬어지는 기술의 발전으로 제품단가의 하락압력 커져

자료: 'Amazon is so good at keeping price low' – Atlas

2000년 이후 전체 리테일 판매에서 전자상거래 매출의 비중이 계속해서 확대되고 있으며, 2008년을 정점으로 전자상거래 제품의 가격이 계속 하락하고 있어 전반적인 공산품가격의 하락세를 주도하고 있다.

고 있는 상황이다. 앞으로 기술의 발전은 더욱 빨라질 것이며, 과거 오일쇼크와 같은 공급충격만 있다면 인플레이션을 잡기 위해 추가로 금리 인상을 단행할 필요성은 크지 않을 것으로 예상된다.

또한 정치적으로도 2020년에는 미국의 대통령 선거가 있기 때문에, 재선에 모든 사활을 걸고 있는 트럼프 대통령이 연준의 금리 인상에 부정적인 입장을 지속할 것이다. 트럼프 대통령은 연준의 금리 인상 기조에 대해 노골적으로 불만을 표시해왔으며, 급기야 파월 의장의 교체 가능성까지 검토하는 등 기존의 대통령과는 다르게 적극적으로 통화 정책에 직접적인 영향력을 행사해왔다. 2020년 재선을 앞두고 우호적인 경제 여건과 금융시장 상황을 만들기 위해서라도 트럼프 대통령은 추가 금리 인상에 극렬하게 반대할 것으로 보인다.

달러화 가치는 더 이상 오르지 않는다

테이퍼링

taper는 '폭이 점점 가늘어지다'라는 의미로, 여기서는 연준이 자산매입의 규모를 점진적으로 줄여나가는 것을 의미한다.

미 연준은 2015년 12월에 기준금리를 인상하기에 앞서 2014년에는 양적완화 규모를 축소하는 테이퍼링(tapering)을 실시했다. 이로 인해 2014년 상반기부터 미국의 달러화는 미 연준의 통화긴축 스탠스로의 변화를 반영해 가파른 강세를 보였다. 주요 교역국과의 통화가치와 대비해 상대적인 달러화 가치를 나타내는 달러화 지수는 한때 100에 육박했으며, 대부분의 전망은 향후 달러강세가 상당 기간 지속될 것으로 예상했다.

그러나 2015년 12월 미 연준이 첫 번째 금리 인상을 단행한 이후 당초 예상과 달리 추가 금리 인상이 쉽지 않은 환경으로 흘러가자 미 달러화도 다시 약세로 돌아섰다. 재미있는 것은 영국의 브렉시트 국민투표가 가결되었음에도 달러화 강세는 생각보다 크지 않았다는 사실이다.

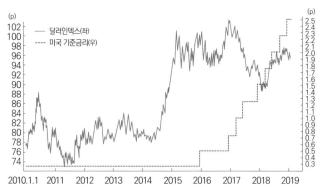

▶ 미국 기준금리 vs. 달러화 인덱스 추이

자료: 블룸버그

달러화 지수와 미국의 기준금리와의 관계를 살펴보면, 달러화 지수가 미국의 기준금리를 선행하는 모습으로 비춰진다. 2014년 중반 이후 달러화 강세가 시작되고 이후 미국의 금리 인상이 뒤따랐다. 2017년 이후 미국의 금리 인상에도 달러화가 약세를 보였는데, 미국의 통화 정책이 다시 금리 인하로 선회한다면 달러화의 약세 압력은 좀 더 심해질 것으로 예상된다.

예전 같았으면 안전자산 선호 현상으로 달러화 강세가 심화되었겠지만, 오히려 엔화가 초강세를 보이면서 달러화의 강세는 제한적인 수준에 그쳤다.

2016년 트럼프 대통령이 당선되고 공격적인 재정 확대 정책을 예고하자 연준의 금리 인상 가능성이 높게 인식되면서 달러화는 2016년 말 한때 102p를 상회하기도 했다. 하지만 그게 고점이었다. 이후 연준은 기준금리 인상을 지속했지만, 오히려 달러화는 금리 인상의 속도가 생각보다 빠르지 않자 실망감에 상승 폭을 되돌리는 모습을 보였다.

이러한 상황에서 미국의 기준금리 인상 사이클이 끝나고 머지않아 금리 인하 사이클이 나타난다고 하면, 달러화는 어떤 모습을 보일 것인가? 여전히 미국경제가 상대적으로 다른 국가 대비 경제 여건이 좋기 때문에 달러 약세가 급격하게 나타나기는 어렵겠지만, 그동안의 달러 강세를 되돌리는 차원에서는 완만한 약세를 보일 것으로 전망된다.

특히 달러화는 유로화, 엔화와 같은 주요 선진국 통화보다는 신흥국 통화에 대해 약세를 보일 것으로 예상된다. 이는 기본적으로 연준의 통화 정책 기조가 다시 완화로 선회하게 되면 글로벌 캐리 자금들이 활발하게 신흥국으로 이동하기 때문으로, 최근 이미 아시아 신흥국과 일부 펀더멘털이 개선된 취약국가에서도 자국의 통화가치 절상이 나타나고 있다.

유로존 경제의 이해와 문제점

유로존은 유럽의 단일화폐인 유로(euro)를 사용하는 국가나 지역을 통칭하는 말로, 1999년 1월 1일 유럽통화동맹(EMU) 출범으로 탄생했다. 유로존 가입국은 2015년 기준으로 독일, 프랑스, 이탈리아, 네덜란드, 스페인, 포르투갈, 슬로베니아, 핀란드, 벨기에, 아일랜드 등 총 19개국이다. 한편 영국, 덴마크, 스웨덴, 폴란드 등은 EU에 가입되어 있지만 자국통화를 사용하는 비유로존 국가다.

유럽통화동맹

European Monetary Union의 약자로 EMU라고 부른다. EU 소속의 유럽국가들이 결성한 통화통합을 말한다.

유로존의 통화 정책은 ECB가 담당하며, 물가안정을 주된 목적으로 한다. ECB는 유로화 발행의 독점적인 권한을 가지고 있는데, 동전은 ECB의 감독 아래 각 나라에서도 발행이 가능하다. ECB 이사회는 기준금리를 결정하고 유로존의 전체적인 금융정책 방향을 설정하며, 각 나라의 통화 정책은 각국의 중앙은행이 책임지는 구조다.

2014년 말을 기준으로 세계경제의 명목 GDP 규모는 약 78조 달러이며, 이 중 유로존은 약 13조 4천억 달러로 17%의 비중을 차지하고 있다. 이는 한국 GDP의 약 9.5배 규모다. 참고로 세계경제에서 미국경제의 비중은 23%, 중국은 13%, 일본은 6% 정도다. 유로존의 GDP를

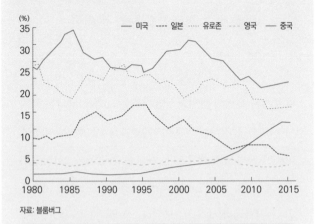

▶ 주요국의 세계경제 비중 추이

(%)

— 미국   ---- 일본   ····· 유로존   --- 영국   — 중국

자료: 블룸버그

> 유로존 경제는 세계경제에서 약 17%의 비중을 차지하고 있
> 으며, 미국에 이어 두 번째 규모다. 유로존 내에서는 독일, 프
> 랑스, 이탈리아, 스페인, 네덜란드 순서로 경제 규모가 크다.

지출 항목별로 살펴보면, 민간 소비 55%, 총고정자본 형
성 20%, 정부지출 21%, 수출 44%, 수입 40%로 구성되
어 있다. 즉 한국처럼 GDP에서 소비와 수출이 차지하
는 비중이 비슷하다. 유로존 내에서 국가별로 비중을 살
펴보면, 독일(29%), 프랑스(21%), 이탈리아(16%), 스페인
(10%), 네덜란드(7%) 등의 순서다.

유로존의 목표는 단일화폐의 공동 시장을 통해 참가
국들의 경제를 부양하고, 환율변동을 억제해 안정적인

경제운용을 도모하는 것이다. 이러한 유로화의 출범배경은 달러화에 대항하기 위함도 있지만, 근본적으로는 1, 2차 세계대전 이후 유럽을 단일통화권으로 묶어서 전쟁의 재발 위험을 막기 위한 정치적 동인이 강했다. 그러나 이를 통해 역내에 관세가 적용되지 않아 자유로운 무역이 가능해졌다. 즉 유로존 출범으로 국제사회에서 더 큰 영향력을 발휘할 수 있게 되었다는 것이다.

반면 다양한 이해관계와 지역적 특성을 가진 국가들이 모이다 보니 효율적인 정책결정이 어렵다는 문제가 생겼다. 또한 각기 다른 경제 여건을 가진 국가들이 단일통화를 사용하면서 환율의 경기 조절 메커니즘이 작동하지 않는다는 부작용이 커졌다. 더욱이 GDP 대비 재정적자를 4% 이내로 맞추자는 규약이 있지만 재정통합이 이루어지지 않아 언제든지 재정위기가 발생할 위험이 있다.

이로 인해 유럽의 은행권은 위기에 취약한 구조를 가지고 있으며, 느슨한 규제로 인해 부실 자산의 비중이 상대적으로 높다. 특히 2016년 브렉시트 가결 이후 유럽은행권에 대한 우려가 높아지는 가운데, 2016년 중 이탈리아 은행들의 NPL(무수익여신) 비율은 17%까지 늘어났으며, 이는 미국의 10배에 이르는 규모다. 미국 은행들이 2008~2009년 금융위기에 빠졌을 때 NPL 비율이 5%에

NPL

Non-Performing Loan의 약자로 무수익여신을 말한다. 금융기관이 빌려준 돈을 회수할 가능성이 없거나, 회수가 어려운 부실채권을 뜻한다.

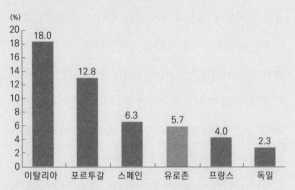

▶ 유로존 국가별 부실채권/총대출 비율

(%)

- 이탈리아 18.0
- 포르투갈 12.8
- 스페인 6.3
- 유로존 5.7
- 프랑스 4.0
- 독일 2.3

자료: 블룸버그

유로존 은행권의 전체 대출 대비 부실채권의 비율을 살펴보면, 이탈리아가 가장 높은 수준을 기록하고 있다.

불과했는데, 이탈리아에서는 그때의 3배가 넘는 것이다.

이에 대한 해결책으로 이탈리아 정부는 은행 부실을 털어내기 위해 400억 유로의 공적자금을 조성해 투입할 방침을 세우고 있으나, EU는 이 부분에 대해 반대 입장을 밝히고 있다. EU는 2014년 독일의 주도 아래, 구제 금융에 앞서 은행 주주, 채권 보유자, 예금자가 스스로 부담을 안고(bail-in) 난 이후에 여전히 자금이 부족하면 세금을 지원(bail-out)하도록 하는 내용의 법안을 채택했다.

bail-in

지급불능 상태에 빠진 기업이나 은행에 대해 채권자들이 보유 채권을 주식으로 전환하거나 채권의 일부를 상각해 파산하는 것을 말한다.

bail-out

기업이나 은행 등이 지급불능 위기에 처했을 때 이들을 구제하기 위해 민간 및 공공 자금이 지원되는 것을 말한다.

이처럼 유로존 회원국과 EU 간의 갈등으로 유로존의 통합이 쉽지 않은 상황이며, 향후 유로존의 붕괴 우려가 반복적으로 금융시장을 계속 괴롭히는 요인이 될 것으로 보인다.

이제는 금리가 말하는 한국경제의 미래를 살펴보자. 현재 국고채 3년 금리가 기준금리에 근접해 있는 현상을 감안하면 다음번 금리조정은 인상보다는 인하가 될 것으로 예상된다. 또한 다음번 금리 인하 사이클에서는 기준금리가 0%대로 하향될 것으로 보인다. 국내에서 사실상 최장기채인 국고채 30년 금리가 2% 전후에서 움직이고 있다는 것과 장단기 스프레드의 축소 흐름을 고려했을 때, 국내 성장률이 1%대로 하락하는 것은 시간문제. 한편 물가채 BEI에 반영된 기대 인플레이션을 감안하면 물가상승률은 계속해서 2% 이하에 머물 것으로 전망된다. 이 가운데 국내 금리가 미국을 제외한 주요 선진국보다는 여전히 높다는 점에서 해외자금의 꾸준한 유입으로 달러-원 환율은 완만한 하락세가 예상된다. 시중금리의 상승세가 종료되면서 수도권 아파트의 전세가율이 다시 오를 것으로 전망된다.

6 장

금리가 말하는 미래_
한국경제

1%대 성장률 시대가 도래한다

한국경제는 1990년대에 7~8%의 고성장을 보였지만 2000년대에는 4~5%대로 성장률이 둔화되었으며, 글로벌 금융위기를 겪은 2010년대 이후에는 성장률이 3% 내외로 다시 하락했다. 더욱이 2012년 이후 2018년까지 7년 동안 2014년(3.3%)과 2017년(3.1%)을 제외하고는 2%대 성장률을 기록함으로써 저성장 기조가 고착화되는 모습을 보이고 있다.

이 가운데 국내 장기채 금리와 장단기 스프레드의 움직임은 1%대 성장률 시대가 다가오고 있음을 시사한다. 사

자본의 한계생산성

토지와 노동이 일정할 때 자본만을 변수로 할 경우 자본 용역 한 단위의 증가에 따른 생산량의 증가분을 의미한다.

실상 국내 최장기 국고채인 30년 국채 금리는 2018년 상반기에 한때 2.80% 수준에 육박했으나, 최근에는 다시 2.00% 전후로 낮아졌다. 자고로 금리는 이른바 자본의 한계생산성이라고 할 수 있다. 국고채 30년 금리가 2.00% 전후에서 거래되고 있다는 말은 무슨 뜻일까? 향후 30년 동안 한 단위의 자본을 투입해서 얻을 수 있는 기대수익률이 평균적으로 2.00%에 불과하다는 의미다. 향후 장기 금리가 다시 상승하는 시기가 오겠지만, 3%대 이상으로 상승하기에는 어려워 보인다.

실질성장률 개념으로 보면 미래는 더욱 암울하게 느껴진다. 피셔 방정식에 따라 향후 물가상승률을 1.50%로만 가정하더라도 명목 국고채 30년 금리가 2.00%라면 향후 30년간 실질성장률은 0.50%에 불과하다는 결론이 나온다. 물론 피셔 방정식에 등장하는 명목금리가 정확하게 어떤 금리여야 한다는 기준은 없지만, 장기금리가 지속적으로 하락세를 보인다는 것은 미래의 성장률이 계속 낮아짐을 시사하기 때문에 중요하다.

물론 현재의 국고채 30년 금리가 이렇게 낮은 수준을 유지하는 데는 경기에 대한 전망치 외에도 수급 측면에서 장기채 공급은 부족한 반면, 수요 측면에서 보험사와 연기금 등의 장기물 수요가 초과 상태인 것이 영향을 주고 있다. 하지만 주요 선진국의 국고채 30년 금리와 수익률

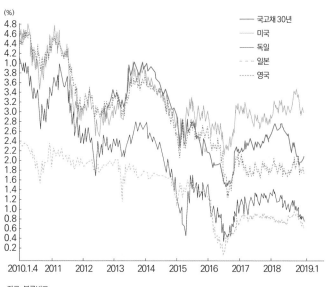

▶ 주요국별 국고채 30년 금리 추이

(%)

국고채 30년
미국
독일
일본
영국

2010.1.4 2011 2012 2013 2014 2015 2016 2017 2018 2019.1

자료: 블룸버그

> 국고채 30년물이 상장된 국가들과 절대금리를 비교하면 한국의 국고
> 채 30년 금리는 일본, 독일, 스위스 등 기준금리가 마이너스로 하락
> 한 국가들 다음으로 낮은 수준이다. 이들 국가들은 대부분 성장률이
> 1%대로 낮아진 국가들로 한국도 향후 1%대 성장률 진입을 예고하
> 고 있다.

곡선의 기울기를 비교해보면 수급 요인만으로 현재의 낮
은 장기금리를 설명하기에는 한계가 있다.

먼저 주요 선진국과 장기채 금리를 비교해보면 한국의
30년 금리가 절대적으로 낮다는 사실을 알 수 있다. 또한
수익률 곡선의 기울기를 비교해보아도 미국은 기준금리

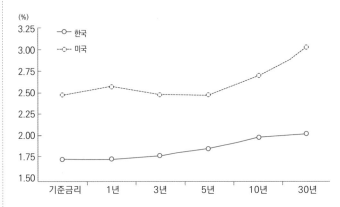

▶ 한국의 수익률 곡선 vs. 미국의 수익률 곡선(2019년 2월 기준)

자료: 블룸버그, 금융투자협회

> 수익률 곡선의 기울기는 미래 경제전망치가 얼마나 낙관적인지를 반
> 영한다. 한국의 수익률 곡선 기울기는 미국에 비해 매우 평평해서 미
> 래 경제전망도 밝지 않음을 보여준다.

가 2.25~2.50%로 한국의 1.75%보다 크게 높고, 국고채 30년 금리도 3.00% 전후로 한국의 30년 금리 2.00%보다 높다. 일반적으로 수익률 곡선의 기울기는 기준금리가 높을수록 평탄해지고, 기준금리가 낮을수록 가팔라지는 모습을 보인다.

미국의 경우 기준금리가 한국보다 크게 높음에도 불구하고 수익률 곡선의 기울기는 한국과 큰 차이가 나지 않는다. 이는 향후 현재의 높은 기준금리가 경제에 부담을 주겠지만, 급격한 경기침체 가능성은 크지 않다는 것을 의미한다. 반면에 한국의 경우에는 기준금리가 미국보다 훨씬 낮음에도 불구하고 장기채 금리가 낮게 유지되고 있어 향후 경기 흐름이 탄력적이지 못할 것임을 시사한다.

이처럼 장기금리와 장단기 스프레드에 반영된 한국경제의 미래가 어두운 이유는 주요 산업이 한계에 이르면서 현재로서는 저성장 기조에서 쉽게 벗어나기가 어렵기 때문이다. 이는 미국과 한국의 신용 스프레드를 비교해보면 보다 명확하게 알 수 있다. 최근 한국의 신용 스프레드는 우량물은 낮은 반면 비우량물은 크게 높은 양극화 현상이 지속되고 있다. 이는 유동성을 공급해도 비우량 기업에게는 자금이 유입되지 않는다는 뜻으로, 한계기업의 구조 조정이 시급하다는 것을 의미한다. 반면 미국의 경우에는 우량물이나 비우량물 모두 신용 스프레드가 점진적으로 하락하면서 저금리 기조가 골고루 혜택을 주고 있음을 알 수 있다.

따라서 향후 조선과 해운 등 한계업종을 중심으로 한 구조 조정이 어떻게 될지에 한국경제의 명운이 달려 있을 것으로 보인다. 문제는 산업 전반적으로 재고 부담이 많아서 전체적으로 모두 재고 조정의 과정을 거쳐야 비로소 한국경제의 성장을 기대해볼 수 있다는 것이다. 2018년 말 기준으로 제조업의 재고/출하 비율은 금융위기 수준으로 확대되어 있으며, 산업별로 살펴보아도 전자부품, 자동차

우량물
신용위험이 존재하는 회사채 중에서 상대적으로 신용등급이 높은 채권을 의미한다.

구조 조정
기업의 기존 사업구조나 조직구조에서 기능 또는 효율을 높이고자 실시하는 구조개혁 작업을 말한다.

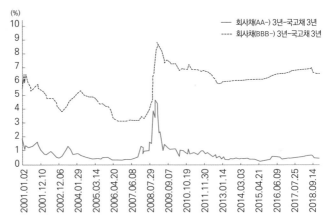

자료: 금융투자협회

한국의 등급별 신용 스프레드를 살펴보면 AA-급 우량채권의 신용 스프레드는 역사상 최저 수준으로 하락해 있으나, BBB-급 비우량 등급의 채권 같은 경우 신용 스프레드가 금융위기 수준에서 크게 낮아지고 있지 않다. 이는 한계기업들의 부실 우려가 높음을 의미한다.

▶ 미국의 신용 스프레드

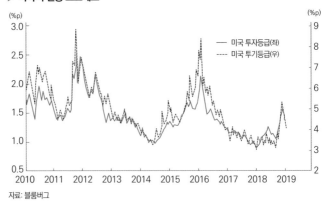

자료: 블룸버그

미국은 2018년 초를 바닥으로 신용 스프레드가 확대 추세로 반전되었다. 그러나 신용 스프레드 확대는 과거와 비교할 때 제한적인 수준이며, 2018년 말 이후로는 상승 폭을 되돌리고 있다.

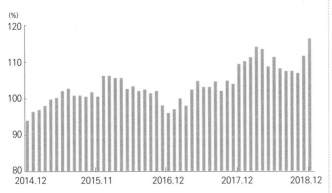

▶ 국내 제조업 재고/출하 비율 추이

(%)

120

110

100

90

80
2014.12   2015.11   2016.12   2017.12   2018.12

자료: 통계청

2010년을 바닥으로 국내 제조업의 재고/출하 비율은 꾸준히 상승해 현재는 120%를 넘어섰으며, 이는 2008년 금융위기 이후 최고 수준이다. 대규모의 재고 부담으로 인해 산업생산도 낮은 수준에 머물러 있는 상황이다.

등 주력 산업에서도 재고 부담이 크게 나타나고 있다. 제조업 전반에서 스스로 뼈를 깎는 노력이 이루어지지 않는 한 한국경제는 저성장 국면에서 빠져나오기가 어려울 것이다.

더욱이 한국의 경우 2018년부터 생산가능인구의 비중이 급격하게 낮아지면서 잠재성장률도 빠르게 하락할 것으로 예상된다. 이로 인해 주요 연구기관들은 현재 2%대 후반인 한국경제의 잠재성장률이 2030년에는 1%대로 낮

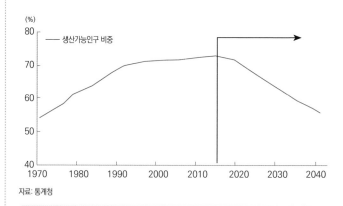

자료: 통계청

국내 생산가능인구의 비중은 2017년 이후 급속도로 하락하면서 급격한 고령화가 지속될 것임을 알 수 있다.

▶ 일본의 고령화 vs. 잠재성장률 추이

자료: 일본 통계청

1980년대 이후 일본의 잠재성장률이 빠르게 둔화된 이유 중에 하나는 급격한 고령화다. 현재 일본의 전체 인구 대비 65세 이상의 노인 인구 비중은 30%에 육박하고 있다. 한국의 경우 일본보다 고령화 속도가 빠르다는 점에서 우려가 높다.

아질 것으로 전망하고 있다. 일본의 경우에도 '잃어버린 20년'에 빠진 원인 중 하나로 급속한 고령화를 꼽는데 한국의 고령화 속도는 일본을 능가한다는 점에서 두려운 일이 아닐 수 없다.

잃어버린 20년

일본에서 거품경제 붕괴 이후 1991년부터 20여 년간 이어지고 있는 경기 침체를 말한다.

2%대 물가는 당분간 보기 어렵다

국내에서 '저물가 기조'라는 말을 하면 일반인들은 "무슨 말도 안 되는 소리를 하느냐? 마트에 한번 가봐라! 장바구니 물가는 몇 배나 올랐다!"라고 격앙된 반응을 보일 것이다. 필자도 가끔 마트에서 장을 보면 계산하기가 두렵다. 몇 개 사지도 않았는데 몇십만 원은 족히 나오니, 마트를 가지 않는 게 돈을 아끼는 방법이라는 생각마저 들기도 한다.

하지만 높은 체감 물가와는 다르게 전반적인 소비자물가지표는 몇 년째 오르지 않고 제자리걸음을 보이고 있다. 2013년 이후 한국의 소비자물가(CPI) 상승률은 1%대의 낮은 수준을 지속하고 있으며, 2015년에는 0.7%까지 낮아지기도 했다.

한국은행은 현재 중기 물가목표치를 CPI를 기준으로 2.00%로 삼고 있으며, 만약 CPI가 목표치인 2.00%에서

CPI

Consumer Price Index 의 약자로 소비자물가상승률을 말한다. 일반 도시 가계가 소비생활을 영위하기 위해 구입하는 각종 상품 및 서비스의 가격변동을 측정하는 물가지수다.

6개월 연속으로 0.5%p 이상 벗어날 경우에는 이에 대한 설명을 하기로 했다. 그래서 지난 2016년 7월에는 한은 총재가 사상 처음으로 최근의 저물가 원인과 향후 전망에 대해 설명한 바 있다.

당시 한은 총재는 저물가의 주된 원인으로 2014년 이후 지속된 국제유가의 하락세를 지목했으며, 2016년 하반기부터는 국제유가의 상승 반전에 따른 효과가 반영되면서 점차 목표치인 2.00%대에 수렴할 것이라는 전망을 내놓았다. 실제로 2015년 0.7%를 바닥으로 소비자물가 상승률은 2017년에는 1.9%까지 급등하는 모습을 보였다.

그러나 최근 10년 만기 물가채에 반영된 향후 인플레이션 기댓값을 살펴보면 1.00% 이하를 가리키고 있어 여전히 저물가 기조가 이어질 것임을 예고하고 있다. 앞서 3장에서 물가채와 국고채의 금리 차인 BEI(Break-Even Inflation)가 어떻게 기대 인플레이션율을 반영한다는 것인지 설명한 바 있다. 물가채는 만기 시에 받게 되는 투자 원금과 중간의 발생 이자가 물가상승률에 연동되는 것으로, 단순하게 계산해서 명목 국고채에서 물가채의 금리를 빼면 미래의 인플레이션 기댓값이 반영되는 구조다.

물론 국내 BEI가 이렇게 낮은 수준에 머물고 있는 것은 물가채의 거래량이 충분하지 못해서 물가 상승에 대한 기대치를 제대로 반영하지 못하는 부분도 있다. 물가채의

CPI vs. BEI

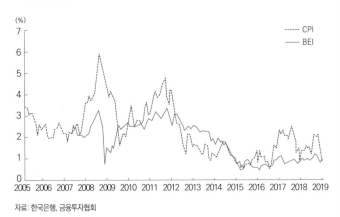

자료: 한국은행, 금융투자협회

> 과거에는 대체로 CPI와 물가채 BEI가 비슷한 수준에서 형성되어왔으며, 최근 국내 물가채 BEI는 여전히 1% 이하에 머물러 있다. 이는 향후 물가상승률이 반등하더라도 그 폭은 크지 않을 것임을 시사한다.

발행이 명목 국고채에 비해서는 크게 부족하고, 거래량 역시 활발하지 못하기 때문에 명목 국고채와 물가채의 금리 차이인 BEI에는 물가에 대한 기대치뿐만 아니라 유동성 프리미엄이 함께 섞여 있음을 부정할 수 없다. 그런데도 BEI가 1.00%에도 미치지 못할 정도로 낮다는 것은 향후 물가 상승을 제한하는 요인들이 많음을 의미한다.

저물가는 전 세계에서 일어나는 공통적인 현상이며, 한국경제 역시 여기서 동떨어질 수는 없다. 한국은 공유경제(sharing economy)나 인공지능(artificial intelligence), 그리고

공유경제
물품을 소유의 개념이 아닌 서로 대여해주고 차용해서 쓰는 개념으로 인식해 경제활동을 하는 것이다.

인터넷 등 정보기술이 세계 어느 곳보다도 발달해 있다. 그 결과 온라인 쇼핑이나 TV 홈쇼핑 등 무점포 쇼핑몰이 일반화됨에 따라 생산에서 판매까지 유통체계가 간소화된 것이 이전보다 제품 단가를 크게 낮출 수 있는 요인이 되었다.

이처럼 저물가 기조가 상당 기간 고착화된다면 재화와 서비스의 경쟁력은 '싸게, 더 싸게'를 추구할 수밖에 없다. 일본이 잃어버린 20년 동안 보여준 소비 패턴은 우리가 이미 알고 있는 것처럼 '100엔숍', '유니클로' 등으로 대표되는 저가제품들이다. 한국에서도 이러한 저가제품들의 인기가 갈수록 높아질 것이다. 물가가 높다고 체감하는 이유는 어쩌면 물가상승률만큼이나 임금이 오르지 않아서 느끼는 상대적인 박탈감일지도 모른다.

다음 금리 인하 사이클에서 기준금리는 0%대가 예상된다

지난 2016년 6월, 한은 금통위는 전격적으로 기준금리를 1.50%에서 1.25%로 인하하면서 사상 최저 금리를 경신한 바 있다. 당시 기준금리를 인하한 이후 기자간담회에서는 과연 한국이 어디까지 기준금리를 인하할 수 있을지가 최대의 관심사였다. 이에 대한 질문에 한은 총재는 "한국은 기축통화국이 아닌 소규모 개방경제 국가이기 때문에 주요 선진국의 금리보다는 다소 높아야 되지 않겠느냐."라는 의견을 피력했다.

이는 거꾸로 이야기하면 주요 선진국의 금리 수준이 낮아지면 한국의 금리 하단 역시 낮아질 수 있음을 시사한다. 2008년 금융위기 이후 5개의 중앙은행(ECB, 스위스, 스웨덴, 덴마크, BOJ)이 마이너스 정책금리를 도입했으며, 최근 미국이 기준금리를 인상하는 와중에서도 이들 국가들은 여전히 마이너스 금리 정책에서 벗어나지 못했다.

그동안 미 연준은 2015년 0.00~0.25%였던 기준금리를 2018년 12월에는 2.25~2.50%까지 올려놓았지만, 최근의 미국경제 환경을 감안해보면 기준금리 인상 사이클이 이제 마무리 국면에 들어선 것으로 여겨진다. 따라서 다시 연준이 기준금리를 인하하기 시작한다면 그다음 종착지는 마이너스 영역이 될 가능성이 높아 보이며, 한은의 기준금리 역시 시차를 두고 0%대로 진입할 것으로 예상된다.

실제로 채권시장에서는 이미 기준금리 인하 가능성이 반영되고 있다. 지난 2017년 11월과 2018년 11월 두 차례 금리 인상을 통해 한국은행은 기준금리를 1.75%까지 올려놓았다. 하지만 향후 기준금리 전망에 대한 기대치가 가장 민감하게 반영되는 '국고채 3년 금리-기준금리' 스

기축통화

국제무역의 결제 등 국제 금융거래에서 기축이 되는 특정 통화로서 미국 달러, 영국 파운드, 유로화, 엔화 등을 지칭한다.

마이너스 정책금리

ECB, 스위스, 스웨덴, 덴마크, BOJ는 은행권의 초과 지준금에 마이너스 금리를 적용하고 있으며, 특히 스위스와 스웨덴은 공개시장 기준금리에도 마이너스 금리를 적용하고 있다.

프레드는 최근 5bp 이내로 좁혀졌다. 이는 향후 기준금리의 변화가 생긴다면 그 방향은 금리 인상보다는 금리 인하가 될 것이라는 예상을 반영하는 것이다.

아직은 국고채 3년 금리가 기준금리보다는 높은 상황이어서 실제로 기준금리가 인하되기까지는 상당히 많은 시간이 소요될 것으로 예상된다. 하지만 채권시장은 이미 더 이상의 기준금리 인상은 없을 것임을 반영하고 있고, 잠재적인 금리 인하 가능성을 반영하고 있다. 향후 금리 인하가 이루어지는 시점이 궁금하다면, 국고채 3년 금리가 기준금리를 밑도는 시점을 주목하면 된다.

과거 '국고채 3년 금리-기준금리' 스프레드가 마이너스로 하락하게 되면 시차를 두고 기준금리가 인하되는 모습을 보여왔다. 지난 2016년 6월의 금리 인하에 앞서서도 국고채 3년 금리는 2월부터 기준금리를 밑돌면서 이미 금리 인하를 예고하고 있었다. 물론 국고채 3년 금리가 기준금리를 밑돈다고 해서 무조건 금리 인하가 이루어지는 것은 아니다. 때로는 채권시장의 탐욕이 금리 역전을 가져오기도 하기 때문에 펀더멘털 지표도 함께 살펴봐야 한다.

어찌되었던 만약 기준금리가 다시 인하 사이클로 움직인다면 국내 기준금리도 0%대로 진입할 가능성이 높아질 것이다. 과거에 김중수 전 한은 총재가 "한국의 기준금리 하단은 2.00%"라고 발언한 적이 있었지만, 얼마 후 2016년에

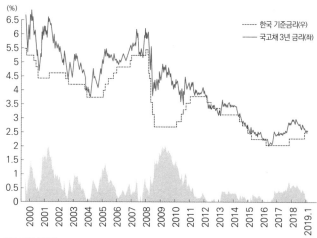

▶ 국고채 3년 금리 vs. 기준금리

(%)

- - - - 한국 기준금리(우)
———— 국고채 3년 금리(좌)

자료: 금융투자협회

> 전통적으로 국고채 3년 금리와 기준금리의 스프레드는 향후 기준금리의 방향성을 먼저 반영하는 모습을 보여왔다. 최근 국고채 3년 금리가 기준금리를 밑도는 현상은 조만간 기준금리가 추가로 인하될 것임을 시사한다.

는 기준금리가 1.25% 하락했다. 기준금리의 하단이라는 것은 절대적으로 정해져 있는 것이 아니고 경제 여건에 따라, 주요 선진국의 금리 수준에 따라 얼마든지 낮아질 수 있다.

국내 기준금리가 0%대에 진입하는 시기는 글로벌 통화정책에 달려 있다. 현재로서는 미국경제가 둔화되면서 다시 기준금리가 인하되는 시기는 대략 2020년 정도가 될

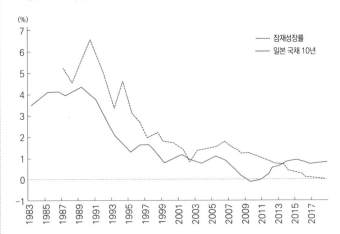

▶ 일본의 잠재성장률 vs. 국고채 10년 추이

(%)

- - - - 잠재성장률
—— 일본 국채 10년

자료: 일본 통계청

일본의 경우 1980년대 이후 잠재성장률이 빠르게 하락하기 시작했으며, 이로 인해 국고채 10년 금리가 마이너스 금리까지 하락했다. 한국의 경우에도 잠재성장률 하락 추세를 감안할 때 저금리 추세는 피하기 어려울 것으로 여겨진다.

것으로 예상된다. 과거 경험상 국내 기준금리는 미국의 통화 정책에 1년 정도 후행하는 모습을 보여왔기 때문에 국내 기준금리 인하는 아마도 2021년 정도가 되어야 할 것으로 보인다. 현재 기준금리가 1.75%이니 국내 기준금리가 0%대에 진입하는 시기는 아마도 2022년 이후가 될 것으로 예상된다. 아직은 0%대의 기준금리까지 많은 시간이 남아 있기에 크게 두려워할 상황은 아니라는 이야기다.

달러-원 환율은 다시 떨어진다

지난 2015년 12월 미 연준이 기준금리를 인상하기 시작하자 향후 달러화가 강세를 지속하면서 국내 달러-원 환율도 상승세를 지속할 것이라는 전망이 많았다. 모 증권사에서는 아예 대놓고 달러 자산에 투자하라는 선전 구호를 내걸기도 했다. 하지만 연준이 기준금리 인상을 지속했음에도 불구하고 달러화는 박스권 흐름에서 크게 벗어나지 않았으며, 달러-원 환율은 오히려 소폭 하락하는 모습을 보이고 있다.

2016년 6월 한때, 영국의 국민투표로 브렉시트가 가결됨에 따라 EU의 붕괴 가능성이 부각되면서 일시적으로 달러-원 환율이 30원 이상 급등하기도 했으나, 이후 외환시장은 빠르게 안정을 되찾았다. 2018년에는 영국과 EU가 아무런 합의도 이루지 못하고 브렉시트가 발생하는 이른바 '하드 브렉시트(Hard Brexit)' 가능성이 제기되고 미국과 중국의 무역분쟁이 심화되기도 했으나, 역시 외환시장이 보여준 모습은 의외로 차분했다.

그렇다면 금리에 반영된 환율전망은 어떨까? 환율을 결정짓는 요인에는 경상수지·자본수지·대외채무·외환보유고·국가신용위험·통화 정책·물가상승률 등 무수히 많은 것들이 있으며, 그중 하나는 다른 국가와의 이자율 차

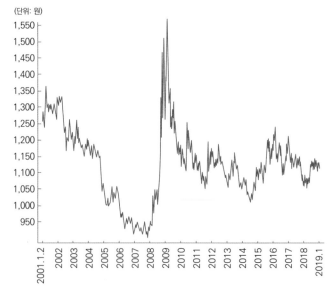

▶ 달러-원 환율 추이

(단위: 원)

자료: 한국은행

이자율 평가설

Interest Rate Parity의 약
자로 IRP로 불린다. 양국
사이의 명목이자율 차이와
환율 기대 변동률 간의 관
계를 설명하는 이론이다.
자본수지 관점에서는 국제
간 자금이 이자율이 낮은
나라에서 높은 나라로 이동
해 궁극적으로는 국내 투자
수익률과 해외 투자 수익률
이 동일해진다고 주장한다.

이다. 이른바 이자율 평가설(IRP; Interest Rate Parity)에 따르
면 국가 간 자본이동 규제가 자유로울 경우 국제자본은 이
자율이 낮은 나라에서 높은 나라로 이동하게 되어, 자국
이자율이 높을수록 통화가치는 절상 압력을 받게 된다.

이자율 평가설 측면에서 살펴보면 미국을 제외한 유럽
이나 일본 등 주요 선진국 대비 한국의 금리가 여전히 높
기 때문에 한국 원화에는 기본적으로 절상 압력이 높은
상황이다. 이자율 차이를 노린 국제자본은 주로 금리 변
화에 따른 채권가격의 변동성이 적은 단기 채권에 투자

하기 때문에 단기금리의 차이가 중요하다. 미국의 경우 기준금리는 2.25~2.50%로 한국의 기준금리 1.75%와 비교하면 크게 높은 수준이지만, ECB의 기준금리 0.0%와 BOJ의 기준금리 -0.1%와 비교하면 한국의 기준금리는 여전히 매우 높은 수준이다.

물론 단순히 국내 금리가 주요 선진국 금리보다 높다고 해서 국제자본이 국내에 들어올 것이라고 단언할 수는 없다. 국가신용위험이 높을수록 한 나라의 국채 금리는 높게 형성되기 때문에 주요 선진국의 금리가 국내보다 낮게 형성되는 것은 당연한 일이다. 결국 중요한 것은 그 나라의 펀더멘털이 충분히 견조하냐에 달려 있다. 한국의 경우 국가신용등급이 꾸준하게 상승해 2018년 말 기준으로 S&P와 무디스에서 AA0등급을, 피치에서는 AA-등급으로 역대 최고의 등급을 부여하고 있다. 국가신용등급에서 한국이 일본보다 모두 높은 등급을 받고 있는 것이다.

이러한 상황에서 절대금리 역시 선진국보다 높았기 때문에 2008년 금융위기 이후 여러 차례의 글로벌 이벤트에도 달러-원 환율은 비교적 안정적인 모습을 보여왔다. 실제로 몇 차례 위기 상황에서 안전자산 선호현상(Flight to Quality)이 높아질 때도 국제자본은 국내 채권시장에 꾸준히 투자하는 모습을 보였다.

외국인의 국내 채권 투자 현황을 좀 더 자세히 살펴보

안전자산 선호현상
위험이 낮은 자산으로의 투자 집중 현상을 말한다.

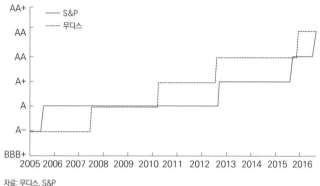

▶ **S&P와 무디스의 한국 신용등급 추이**

자료: 무디스, S&P

> 한국의 국가신용등급은 무디스와 S&P에서 최상위 등급인 AAA등급
> 에서 단지 두 노치(notch) 낮은 AA0등급을 기록하고 있다.

면 2013년 이후 외국인의 채권 보유 잔액은 90조~100조
원대에서 정체되고 있지만, 만기가 도래한 물량을 감안하
면 재투자가 지속되고 있음을 알 수 있다. 그리고 과거보
다 훨씬 투자 만기가 장기화되고 있다. 또한 투자자 역시
과거에는 대외 이벤트 리스크에 민감하게 반응하는 자산
운용사 자금이 주류를 이루었으나, 최근에는 중국과 스위
스 등의 중앙은행 자금이 외환보유고를 다변화하는 차원
에서 국내 장기채에 대한 투자를 늘리고 있다. 이러한 외
국인의 채권 투자 만기 장기화는 원화채권에 대한 안정성
이 높다는 사실을 방증하는 것이며, 대규모의 자금 이탈

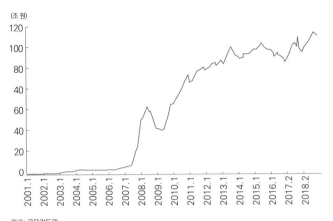

▶ **외국인 채권 보유 잔액 추이**

(조 원)

자료: 금융감독원

외국인의 채권 보유 잔액은 2008년 금융위기 당시 일시적으로 축소되었으나, 이후 꾸준하게 확대되고 있다.

가능성이 낮음을 의미한다.

이를 감안하면 웬만한 이벤트 리스크가 아니고서는 달러-원 환율이 폭등할 가능성은 낮아 보인다. 만약 브렉시트가 현실화되면서 유로존의 붕괴 우려가 커질 경우에도 단기적으로는 주식시장에서 유럽계 자금이 이탈할 수 있겠지만, 채권시장에는 오히려 자금이 유입되면서 균형을 이룰 것으로 예상된다. 실제로 2012년 당시 유럽의 재정위기가 확산되는 상황에서도 오히려 유럽계 자금을 중심으로 원화채권에 대한 외국인의 투자는 확대되는 모습을

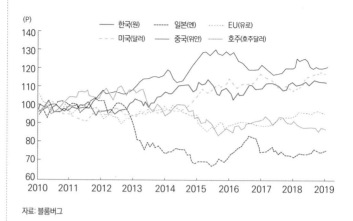

▶ 실질실효환율 추이

실질실효환율

한 나라의 화폐가 상대국 화폐에 비해 실질적으로 어느 정도의 구매력을 가지고 있는지를 나타내는 환율이다. 주요 교역상대국 통화 각각에 대한 원화 가치의 변동을 무역비중의 가중치로 가중평균해 산출한 것이 명목실효환율(nominal effective exchange rate)이며, 이를 자국과 교역상대국 간의 가중상대물가지수로 나눈 것이 바로 실질실효환율이다.

자료: 블룸버그

> 실질실효환율의 기준시점을 100으로 해서 그 이상이면 절상, 그 이하면 절하를 의미한다.

보였다.

게다가 한국경제는 경상수지 흑자가 꾸준하게 유지되고 있다. 최근에는 비록 수출 증가율이 크게 둔화하고 있지만, 여전히 유출되는 달러화보다는 유입되는 달러화가 많다는 것은 달러화의 수급 측면에서 급격한 달러 유동성 부족 현상이 나타나지 않을 것임을 시사한다. 외환보유고 역시 2018년 말 기준으로 약 4,037억 달러로 세계 7위권 수준이어서 금융시장이 불안해지더라도 충분히 대비할 수 있는 수준이다. 결국 현재 대내외 금리 차를 감안하

내외 금리 차

국내금리와 외국금리와의 차이를 말하며, 국제적 자금이동에 큰 영향을 준다. 한 나라의 금리가 다른 나라보다 낮아지면 그 나라에서 자금을 운용하던 해외투자자들은 더 높은 금리를 얻을 수 있는 다른 나라로 자금을 이동한다.

면 해외자금의 유입 유인이 크기 때문에 막연하게 달러-원 환율이 급등할 것이라고 걱정할 필요는 없어 보인다.

지금은 각국이 자국의 통화가치를 떨어트리기 위해 노력하는 통화전쟁 시대이며, 한국 원화의 경우에는 실질실효환율을 기준으로 2000년과 비교했을 때는 여전히 저평가된 수준이다.

더욱이 미국은 지난 2015년 환율 부문의 '슈퍼 301조'라고 불리는 'BHC(Bennet-Hatch-Carper) 수정법안'을 통과시켜 환율조작국으로 지정된 나라에 직접적인 무역 보복을 할 수 있게 만들었다. 한국이 오랜 기간 동안 '관찰 대상국'으로 분류되면서 마침내 2019년 3월부터는 외환시장의 개입 내용을 사후적으로 공개하기로 함에 따라 앞으로 외환당국의 외환시장 개입도 쉽지 않을 것으로 여겨진다. 따라서 달러-원 환율은 이벤트 리스크가 발생할 경우 단기적으로 변동성이 커질 수 있겠지만, 이후에는 다시 점진적으로 하향 안정화될 것으로 예상된다.

BHC 수정법안
미국의 '2015 무역강화 및 무역촉진법' 중에 제7장 환율조작 부분을 지칭하는 용어다.

수도권 아파트 전세가율은 다시 상승하게 될 것이다

외국인 투자자와 미팅을 하면서 한국경제에 대해 이야기할 때 애를 먹는 것 중 하나가 전세제도를 설명하는 것이다. 전세제도는 한국에만 유일하게 존재하는 시스템으로 월세제도가 일반적인 외국인들에게는 매우 낯선 제도이기 때문이다. 이처럼 국내에서 전세제도가 일반화된 이유는 과거 집값 상승기에 집주인은 전세금을 이용해서 2주택 이상에 투자할 수 있는 투자금을 마련할 수 있었고, 반대로 세입자 입장에서는 집값보다 훨씬 저렴한 전세금으로 주거의 안정성을 확보할 수 있었기 때문이다.

하지만 저금리 기조가 고착화되고 집값 상승에 대한 기대감이 낮아지면서 집주인들이 전세보다는 월세를 점차 선호하고 있다. 과거 집값 하락기에는 일시적으로 일부 지역의 경우 전세가격이 매매가격을 넘어서는 기현상이 벌어지기도 했다. 지난 2016년 이후 부동산가격이 급등세를 보이면서 한동안은 전세 공급이 충분했지만, 이제 다시 저금리 기조가 재개된다면 다시 전세보다는 월세를 선호하는 경우가 많아질 것으로 예상된다.

집주인 입장에서는 예금금리가 하락하게 되면 월세가 아닌 전세를 놓을 만한 유인이 줄어든다. 전세금을 받는다고 하더라도 은행에 맡겨봤자 이자 수익은 매우 낮다. 전세금을 통해 레버리지 효과를 이용해 다른 집을 사기에도 부동산시장 규제가 강화되었고 집값 상승을 기대하기에도 녹록치 않은 상황이다.

이를 감안하면 앞으로는 일시적으로 집주인이 소유와

레버리지 효과
타인이나 금융기관에게서 차입한 자본을 가지고 투자를 해 이익을 극대화시키는 효과를 말한다.

170

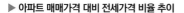
▶ 아파트 매매가격 대비 전세가격 비율 추이

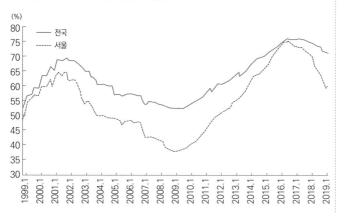

자료: KB부동산

> KB부동산에 따르면 아파트 매매가격 대비 전세가격 비율은 2016년
> 상반기에 75%까지 상승한 이후 하락세로 전환되었다. 2019년 1월
> 기준으로 서울 지역의 전세가율은 60%, 전국의 경우 71% 정도를
> 보이고 있다.

거주가 분리되어야 하는 경우이거나, 또는 재건축 지역과
같이 향후 높은 투자 수익이 기대되는 지역인 경우, 또는
대규모의 주택공급이 이루어지는 경우가 아니라면 전세
공급은 점차 감소할 것으로 예상된다.

　반대로 세입자 입장에서는 금리 하락세가 재개된다면
월세보다는 전세를 더욱 선호하게 된다. 월세로 살게 되
는 경우에는 매달 월세비가 나가게 되고, 이로 인해 처분
가능 소득(disposable income)은 줄어들 수밖에 없다. 전세
의 경우에는 아무리 높은 금액이라도 저금리로 손쉽게 대

출을 받을 수 있으며, 상대적으로 전세금을 떼일 만한 위험이 크지 않기 때문에 일종의 저축 형태로서 전세금을 올리는 데 대한 저항은 상대적으로 강하지 않다.

이처럼 앞으로 전세에 대한 공급은 줄어들고, 반대로 수요는 늘어나는 상황이 재개된다면, 수도권 아파트의 전세가격은 매매가격 대비 현재의 60%에서 다시 상승세로 전환될 것으로 예상된다. 단기적으로는 서울 송파구의 헬리오시티 대규모 입주와 위례지구와 미사지구를 중심으로 수도권에 대규모 아파트 공급이 이루어지기 때문에 전세가율도 낮은 수준을 유지할 가능성이 크다.

전세가율
주택의 매매가 대비 전셋값의 비율이다.

하지만 집주인 입장에서는 저금리 상황이 재개될 경우 주택 보유에 따른 세금과 이자 및 관리비용 등을 감안하면 전세를 매매가격보다 크게 낮은 수준으로 공급하기를 꺼려할 것이다. 반면 세입자 입장에서는 집값 하락에 대한 리스크를 감안하면, 월세보다는 그래도 원금이 보존되는 장점으로 인해 매매가격과 비슷한 전세금을 수용할 가능성이 크다.

결국 저금리 기조가 다시 심화된다면 한국의 주거 시스템에도 커다란 변화가 생기게 될 것이다. 어쩌면 세계적으로 전세제도가 한국에만 존재한다는 것이 이상한 일이었는지도 모른다.

이로 인해 몇 년 후에는 전세제도가 월세제도로 바뀌

면서 여러 부작용이 발생할 것으로 우려된다. 세입자 입장에서는 2년에 한 번씩 돌아오는 전세 만기 때마다 많게는 수천만 원씩 전세금을 올려주는 부담을 안게 될 것이다. 전세금을 올려주기 어려운 경우에는 같은 전세금으로 집을 구할 수 있는 다른 지역으로 이사를 다니는 이른바 '전세 난민'이 크게 늘어날 수도 있을 것이다.

GDP 데이터 바로 해석하기

한국 10년간 경제 성적표 '양호'

연 3.7% 성장. 평균치의 2.5배, 금융위기 이후
상위 6개국 중 가장 견고한 성장세 보여줘

▶ OECD 회원국 연평균 경제성장률

(단위: %, 2005~2014년 기준)

1. 칠레	4.2	6. 한국	3.7
2. 터키	4.2	17. 미국	1.6
3. 이스라엘	4.1	22. 영국	1.2
4. 폴란드	3.9	30. 일본	0.6
5. 슬로바키아	3.8	34. 그리스	-2.0

주: 전체 1.5
자료: OECD 경제전망

유로존 경제는 세계경제에서 약 17%의 비중을 차지하고 있으며, 미국에 이어 두 번째 규모이다. 유로존 내에서는 독일, 프랑스, 이탈리아, 스페인, 네덜란드 순서로 경제 규모가 크다.

지난 10년간 선진국 그룹에서는 우리나라의 경제성장 성적표가 좋았던 것으로 나타났다. 한국은 경제협력개발기구(OECD) 상위 6개 회원국 가운데 금융위기 이후 가장 견고한 성장세를 보였다. 29일 OECD의 2005~2014년

경제전망 자료에 따르면 한국은 이 기간 연평균 3.7%의 국내총생산(GDP) 성장률을 기록했다. 이는 OECD 전체 평균치(1.5%)의 약 2.5배 수준으로 OECD에 가입한 34개국 중 여섯 번째로 높다.

4.2%를 기록한 칠레가 1위이고, 그 뒤로 터키(4.2%), 이스라엘(4.1%), 폴란드(3.9%), 슬로바키아(3.8%) 순이었다. 1~5위에 오른 국가는 이스라엘(3만 404달러)을 제외하고는 2014년 기준 1인당 GDP가 2만 달러대 이하였다. 따라서 OECD 회원국 중 1인당 GDP 3만 달러대 이상 국가 그룹에서는 우리나라(3만 3,657달러)가 가장 괄목할 경제성장을 이루어왔다는 평가가 나온다. 세계경제를 덮친 2008년 글로벌 금융위기를 기점으로 이들 상위권 국가의 성장률이 눈에 띄게 둔화했지만 한국은 탄탄한 성장세를 유지했다.

– 2015년 6월 29일 자 〈세계일보〉 기사 중

위의 기사는 한국의 GDP 성장률에 대한 기사를 일부 발췌한 것이다. 기사에 따르면 한국경제는 OECD 국가의 전체 평균 성장률보다 약 2.5배 높게 성장하는 견고한 모습을 보였다. 이것이 맞는 해석일까? 단순하게 한국경제가 같은 기간 동안 미국의 1.6%보다 높은 3.7% 성장을 보였다고 해서 과연 한국경제가 정말로 견고한 성장세를 보인 것일까?

우리는 흔히 여러 언론매체를 통해 GDP 성장률에 대한 기사를 접하지만, 간혹 잘못된 해석을 내놓는 경우도 있다. GDP 성장률은 매우 친숙한 데이터지만, 정확한 해석을 위해서는 다음의 것들을 알아두는 것이 도움이 된다.

먼저 정의를 살펴보면 GDP(Gross Domestic Product)란 '한 나라 안에서 일정 기간 새롭게 생산된 재화와 서비스의 시장가치를 합산한 것'을 뜻한다. 여기서 단어 하나하나에 의미를 부여하자면 '한 나라 안에서'는 국내에서만 일어난 생산활동을 의미하며, '일정 기간'이란 1년 또는 1분기 단위로 측정함을 뜻한다. 다음으로 '새롭게 생산된'은 그 해 또는 그 분기에 생산된 것만 계산됨을 말하며, '재화와 서비스'란 살아가는 데 필요한 의·식·주뿐 아니라 정신적·문화적 욕구를 충족시키기 위해 생산된 모든 것을 포함한다. 마지막으로 '시장가치를 합산한'이란 최종 생산물인 각종 재화와 서비스의 양(Q)에 이들의 시장가격(P)을 곱해서 얻은 수치를 합계한다는 의미다.

GDP를 이해하는 데 있어서 또 한 가지 중요한 것은 명목 GDP와 실질 GDP를 구분하는 것이다. 만약 어느 해의 GDP가 전년보다 증가했다면 총 산출량이 증가했거나, 산출물의 가격이 상승했거나, 또는 둘 다였을 것이

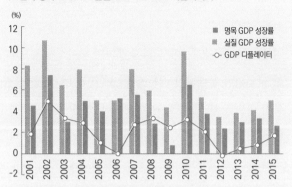

▶ 한국 명목 GDP vs. 실질 GDP vs. GDP 디플레이터

주: GDP 디플레이터 = (명목 GDP) / (실질 GDP) X 100으로 계산한다.
자료: 한국은행

다. 이처럼 물량(Q)과 가격(P) 요인을 분리하기 위해 명목 GDP와 실질 GDP를 구분해야 한다.

명목 GDP(또는 경상가격 GDP)는 한 나라 안에서 생산된 최종 생산물의 가치를 그 생산물이 생산된 기간 중의 가격을 적용해 계산한다. 반면 실질 GDP(또는 불변 GDP)는 기준연도 가격을 적용해 계산한다. 여기서 명목 GDP를 실질 GDP로 나누게 되면 바로 국민경제의 전체 물가 수준을 나타내는 GDP 디플레이터가 된다. 명목 GDP는 국가경제의 규모나 구조 등을 파악하는 데 사용되며, 실질 GDP는 경제성장, 경기변동 등 전반적인 경제활동의 흐름을 분석하는 데 이용된다.

이러한 GDP는 생산·분배·지출의 세 측면에서 측정

할 수 있으며, 각 측면에서 측정된 값이 똑같기 때문에 이를 '삼면 등가의 원칙'이라고 한다. 이는 가계, 기업, 정부, 국외 등 경제주체에 의해 재화와 서비스가 생산되고 구입되며 분배되기 때문이다. 또한 국민소득 통계는 특정 연도를 기준연도로 해 편제되며, 일정 기간이 경과하면 경제구조 변화 등을 반영하기 위해 기준연도를 변경한다. 국내에서는 5와 10으로 끝나는 해를 기준연도로 정해 5년마다 변경이 이루어진다.

한편 국민소득 지표는 GDP에서 특정한 유형의 소득을 포함하거나 배제해 계산하며, 이 중 국민총소득, 국민순소득, 국민소득 등 3개 지표가 핵심이다. 먼저 국민총소득(GNI; Gross National Income)은 한 나라의 국민이 일정 기간 동안 벌어들인 임금, 이자, 배당 등의 소득을 모두 합친 것이다. 즉 GDP에 국외순수취요소소득을 더해서 계산한다. 다음으로 국민순소득(NNI; Net National Income)은 국민총소득(GDI)에서 감가상각(depreciation)을 제외한 것이다. 마지막으로 국민소득(NI; National Income)은 한 나라의 거주자들이 재화와 서비스의 생산과정에서 벌어들인 소득을 합친 것을 의미한다.

자, 그러면 앞서 소개했던 신문 기사로 다시 돌아와서 어느 부분의 해석에 문제가 있는지 살펴보자. 국가별로 경제 여건을 비교할 때는 단순히 GDP 숫자의 절대치를

명목 국민총소득(GNI) = 명목 국민총생산(GDP) + 명목 국외순
수취요소소득(국외수취요소소득 − 국외지급요소소득)

국민순소득(NNI) = 국민총소득(GNI) − 고정자본소모

국민소득(NI)   =   국민순소득(NINI)   −   순생산 및 수입세
(요소비용 국민소득)   (시장가격 국민소득)   (생산 및 수입세 − 보조금)

볼 것이 아니라 잠재 GDP와 실질 GDP의 차이인 GDP
갭으로 비교하는 것이 바람직하다. 쉽게 말해서 이미 선
진국인 미국의 성장률보다 후진국인 브라질의 성장률이
높다고 해서 브라질경제가 좋다고 말할 수는 없다는 것
이다.

잠재 GDP란 한 나라의 경제가 물가를 자극하지 않
으면서 노동과 자본 등의 생산 요소를 완전히 고용해 달
성할 수 있는 최대의 생산능력을 의미한다. 따라서 실질
GDP가 잠재 GDP를 얼마만큼이나 달성하느냐에 따라
경제 여건이 좋다, 나쁘다를 판단할 수 있게 된다. 이러
한 관점에서 바라본다면 한국경제의 성장률이 OECD 평
균치보다 높았다고 해서 한국경제가 양호한 성적을 냈
다고 말하기에는 무리가 있다.

GDP 갭

실제 GDP가 잠재 GDP
를 웃돌면 인플레이션 갭
(inflation gap), 그 반대는
디플레이션 갭(deflation
gap) 상태가 된다.

▶ OECD 국가의 잠재성장률 비교

(단위: %)

국가	2010~2011년	2012~2025년
한국	4.0	2.4
터키	3.6	3.4
호주	3.2	2.9
멕시코	1.9	2.2
뉴질랜드	1.6	2.4
캐나다	1.6	1.6
미국	1.4	2.3
영국	1.2	1.8
프랑스	1.2	1.5
독일	1.2	1.3
유로존	0.8	1.5
일본	0.8	0.9
이탈리아	0.3	1.5
그리스	0.3	1.4
스페인	-0.2	2.0
OECD 평균	1.2	1.9

자료: OECD

또한 GDP 성장률을 통해서 경기추세를 판단할 때는 전기비와 전년동기비의 흐름을 적절하게 사용해야 한다. 전기비 GDP 성장률은 경제 상황의 변화를 빠르게 반영할 수 있으나, 계절성(seasonality)을 완벽하게 제거하지는 못한다는 단점이 있다. 반면 전년동기비 GDP 성장

계절성
기후·휴일·휴가 등의 변화 결과로서 규칙적으로 일어나는 기업이나 경제활동의 변동현상을 말한다.

률은 계절성을 제거한 추세를 볼 수 있으나, 추세변화를 판단하는 데는 시간이 걸린다. 결국 전기비 성장률을 통해 변화를 파악하고, 전년동기비 성장률을 통해서 추세를 확인하는 상호 보완적인 해석이 필요한 것이다.

이상 GDP의 개념과 GDP를 통해서 경기흐름을 판단할 때는 전기비와 전년동기비를 적절하게 활용해야 함을 알아보았다. 또한 국가 간 GDP를 비교할 때는 직접적으로 숫자를 비교할 것이 아니라 잠재 GDP와의 차이를 통해 간접적으로 비교를 해야 한다는 것을 살펴보았다.

최근 들어 GDP가 급속한 기술변화를 반영하지 못하고, 무형의 인적자본에 대한 투자나 자연환경의 파괴 등은 생각하지 못한다는 한계점이 제기되고 있다. 하지만 20세기 최고의 발명품으로 평가받는 GDP를 대체할 만한 경제지표를 찾는 일은 여전히 쉽지 않을 것 같다.

펀드매니저 TIP

한국은행의 통화 정책 목표와 수단

한국은행법 제1조에 따르면 한국은행(이하 한은)의 설립목적은 큰 틀에서 볼 때 물가안정과 금융안정이다. 특히 한은은 통화 정책 운영체계로서 물가안정 목표제를 채택하고 있으며, 이는 최종목표인 '물가' 자체에 목표치를 정하고 중기적 시계에서 이를 달성하기 위해 통화 정책을 운영하는 것을 의미한다. 또한 한은은 한은법 제6조 제1항에 의거해서 정부와 협의해 3년간 적용할 중기 물가안정 목표를 설정하게 되며, 2016년부터 2018년까지는 소비자물가를 기준으로 2.00%를 목표로 하고 있다.

한은의 통화 정책 수단에는 여러 가지가 있으나, 그 중에서도 핵심은 금융통화위원회(이하 금통위)가 매월 통화 정책 회의를 열어 기준금리를 결정하는 일이다. 2017년부터는 한은도 선진국처럼 금통위 회의를 1년에 8번으로 축소했다. 한은의 기준금리 변경은 다양한 경로를 통해 경제 전반에 영향을 미친다. 이러한 파급 경로는 길고 복잡하며 경제 상황에 따라 변할 수 있기 때문에 기준금리 변경이 물가에 미치는 영향의 크기나 그 파급 시차를 정확하게 측정할 수는 없다. 하지만 일반적으로 금리 경

중기 물가안정 목표

2016년 이전까지는 물가 목표가 레인지의 형태로 운영되다가 2016년부터 2% 단일 수준으로 변경되었다.

182

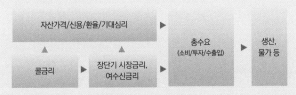

▶ 통화 정책 효과의 파급 경로

| 자산가격/신용/환율/기대심리 | | 총수요 (소비/투자/수출입) | 생산, 물가 등 |

콜금리 → 장단기 시장금리, 여수신금리

자료: 한국은행

로, 자산가격 경로, 신용 경로, 환율 경로, 기대 경로 등
을 통해 통화 정책의 효과가 파급된다.

금통위란 한은의 통화신용정책에 관한 주요 사항을
심의·의결하는 기구로서 한은 총재 및 부총재를 포함해
총 7인의 위원으로 구성된다. 한은 총재는 국무회의 심
의를 거쳐 대통령이 임명하며, 부총재는 총재의 추천을
받아 대통령이 임명한다. 또한 다른 5인의 금통위원은
각각 기획재정부 장관, 한은 총재, 금융위원회 위원장,
대한상공회의소 회장, 전국은행연합회 회장 등의 추천
을 받아 대통령이 임명한다. 위원의 임기는 당연직인 한
은 부총재를 제외하고는 모두 4년이며 연임할 수 있다.

한은의 통화 정책 수단에는 기준금리 결정 외에도 공
개시장조작, 여수신제도, 지급준비제도 등이 있다. 첫째,
공개시장조작이란 한은이 금융기관을 상대로 국채 등 증
권을 사고팔아 시중에 유통되는 화폐의 양이나 금리 수

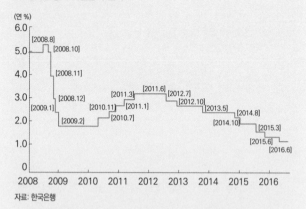

▶ 한국은행의 기준금리 변화

(연 %)

[2008.8]
[2008.10]
[2008.11]
[2008.12]
[2009.1]
[2009.2]
[2010.11]
[2010.7]
[2011.3]
[2011.1]
[2011.6]
[2012.7]
[2012.10]
[2013.5]
[2014.8]
[2014.10]
[2015.3]
[2015.6]
[2016.6]

2008 2009 2010 2011 2012 2013 2014 2015 2016

자료: 한국은행

한국은행은 2008년부터 기준금리 목표제를 도입했으며, 2016년 8월 기준금리는 지난 2016년 6월에 25bp의 금리 인하를 단행해 1.25%를 기록했다.

준에 영향을 미치려는 가장 대표적인 통화 정책 수단이다. 공개시장조작은 증권매매, 통화안정증권 발행 및 환매, 통화안정계정 예수 등 3가지가 대표적인 형태다.

증권매매의 종류에는 2가지가 있다. 바로 단순매매와 일정 기간 이후 증권을 되사거나 파는 RP다. 또한 단순매매는 유동성이 영구적으로 공급 또는 환수되므로 증권매매는 주로 RP 거래(통상 7일물)를 중심으로 이루어진다. 이때 RP 7일물에 기준이 되는 금리가 바로 한은의 정책금리다. 통화안정증권은 한은이 발행하는 채무증서로서 당행이 채권을 발행하면 시중 유동성(본원통화)이 흡수된다.

둘째, 여수신제도는 중앙은행이 개별 금융기관을 상대로 대출을 해주거나 예금을 받는 정책수단이며 자금조정대출, 금융중개지원대출, 일중당좌대출이 있다. 자금조정대출은 금융기관의 자금수급 과정에서 발생하는 부족자금을 지원해주는 것이다. 금융중개지원대출이란 금융기관의 중소기업 등에게 금융중개기능에 필요한 자금을 지원해주는 것이다. 일중당좌대출이란 금융기관의 일중 지급, 결제에 필요한 일시적인 부족자금을 당일 결제마감 시까지 지원해주는 것이다.

셋째, 지급준비제도란 금융기관으로 하여금 지급준비금 적립대상 채무의 일정 비율(지급준비율)에 해당하는 금액을 중앙은행에 지급준비금으로 예치하도록 의무화하는 제도다. 중앙은행은 지급준비율 변경으로 금융기관의 자금사정을 변화시켜 시중 유동성을 조절하고 금융안정을 도모할 수 있다. 예를 들어 지급준비율을 올리면 은행들은 더 많은 자금을 지급준비금으로 예치해야 하기 때문에 대출 취급이나 유가증권 매입 여력이 축소되고 결국 시중에 유통되는 돈의 양은 줄어들게 된다.

지급준비제도는 1980년대 이후 전 세계적으로 통화정책이 통화량 중심에서 금리 중심으로 전환되면서 그

지급준비율 변경

2008년 기준금리 목표제가 도입된 이후 지준율 변경은 보조 수단으로 쓰이고 있다. 한은은 지난 2006년 11월 23일에 16년 만에 금융기관의 단기성 원화 예금(요구불예금, 수시입출식 예금 등)의 지준율을 5.0%에서 7.0%로 인상했다.

▶ 예금 종류별 지급준비율 현황

예금 종류	지급준비율
장기주택마련저축, 재형저축	0.0%
정기예금, 정기적금, 상호부금, 주택부금, CD*	2.0%
기타 예금	7.0%

주: 지급준비예치대상 금융기관을 상대로 발행된 경우는 제외
자료: 한국은행

CD

Certificate of Deposit의 약자로 양도성 예금증서를 말한다. 제3자에게 양도가 가능한 정기예금증서다. 현금지불기(CD; Cash Dispenser)와 구별하기 위해 NCD라고도 한다. 은행이 정기예금에 대해 발행하는 무기명의 예금증서라고 할 수 있다.

활용도가 과거에 비해 줄어들었지만, 여전히 중요한 정책수단으로 여겨진다. 우리나라의 지급준비제도 적용대상 금융기관에는 일반은행 및 특수은행이 있는데, 이들 금융기관은 예금의 종류에 따라 2016년 0~7%로 지급준비율이 차등화되었다. 각 금융기관은 월별(매월 1일부터 말일까지)로 매일의 지급준비금 적립대상 채무 잔액을 기초로 평균해 계산한 지급준비금 적립대상 채무에 대한 최저지급준비금을 다음 달 둘째 주 목요일부터 그다음 달 둘째 주 수요일(지준일)까지 보유해야 한다.

지금까지 살펴본 바와 같이 금리가 말하는 미래의 경제전망은 매우 어둡다. 새로운 산업이 출현한다거나 전쟁과 같은 극단적인 이벤트가 발생하지 않는 한 세계경제가 구조적인 저성장기에서 쉽게 빠져나오기 어려울 것임을 시사하고 있다. 그럼에도 불구하고 여느 때와 같이 태양은 떠오르고 사람들은 일터로 향할 것이다. 미래는 어느 한순간에 다가오는 것이 아니라 서서히 현실화되는 것이기 때문이다. 이에 대비한 우리의 자세도 특별한 것은 없다. 그저 저성장, 저물가, 저금리 기조를 추세로 받아들이고 이에 대비한 삶의 패턴을 갖는 것이 중요하다. 이번 장에서는 작지만 매우 현실적인 대응 방안에는 어떠한 것들이 있는지 고민하는 시간을 가져보고자 한다.

7장

금리가 말하는
미래에 대비하는
우리의 자세

10년 이상 장기 대출 시
고정금리보다 변동금리가 낫다

필자가 평소에 지인들에게 가장 많이 받는 질문은 장기 대출을 받을 때 고정금리로 할 것인지 변동금리로 할 것인지다. 당연히 이 질문의 대답은 향후 금리가 어떻게 되는가에 달려 있다. 앞으로도 금리 상승 추세가 지속될 것으로 예상된다면 당연히 장기 고정금리로 대출을 받는 것이 현명할 것이다. 대부분의 사람들은 현재 금리가 역사적으로 여전히 낮은 수준이기 때문에 앞으로 조금은 더 떨어지더라도 이후에는 다시 크게 올라갈 것이라고 전망하고 있다.

정부 역시 비슷한 생각을 하고 있었던 것 같다. 그동안 정부는 가계부채 종합대책의 일환으로 주택담보 대출의 변동금리 비중을 줄이기 위해 노력해왔으며, 이로 인해 한 때 5%에 불과했던 신규 고정금리 대출 비중이 2016년에 는 40%가 넘는 성과를 이루었다. 특히 지난 2015년 3월, 정부는 기존의 변동금리와 일시상환의 대출구조를 고정 금리와 장기분할상환 대출로 바꿔주는 이른바 '안심전환 대출'을 적극적으로 장려했으며, 이로 인해 1, 2차에 걸쳐 총 26조 원 규모의 변동금리 대출이 고정금리 대출로 전 환되었다.

그러나 필자는 장기 대출 시 고정금리로 대출을 받는 것에 반대하는 입장이다. 금리가 지금보다 조금 더 오를 수는 있겠지만 그 폭은 매우 제한적인 수준에 그칠 것이 며, 앞으로는 다시 금리 하락 추세가 재개될 것으로 예상 되기 때문이다. 이러한 전망의 근거는 이미 5장과 6장에 서 충분히 다루었다. 근본적으로 현재 세계경제가 겪고 있는 저성장은 각국의 성장 모멘텀이 한계 상태에 이르 고, 전 세계적으로 고령화가 진행되면서 나타나는 구조 적인 현상이다. 따라서 이전과 같은 고성장을 보이기 어 렵고, 금리 역시 크게 상승하기 힘들어 보인다.

단기적으로는 2008년 금융위기 이후 각국이 쏟아부은

안심전환 대출

변동금리 또는 이자만 부담 하는 주택 담보 대출자가 2% 대 고정금리, 분할상환 대출 로 변경하기 위한 전환대출 용 상품이다.

성장 모멘텀

경제가 성장할 수 있게 만드 는 요인이나 이를 촉진하는 요인을 말한다.

유동성이 일부 효과를 발휘하면서 인플레이션이 발생할 수 있고, 따라서 각국의 통화당국도 미국의 경우처럼 금리 정상화를 시도할 수 있다. 하지만 미국의 금리 인상 사이클이 마무리 국면에 도달한 것으로 여겨지며, 다른 국가들의 경우에 후행적으로 긴축에 나서더라도 그 강도는 예전과 비교하면 훨씬 제한적일 것으로 예상된다.

이제 세계경제는 예전보다 더욱더 촘촘히 연결되어 있어서 세계경제가 함께 회복되지 않는 한, 어느 한 개별 국가가 자국경기의 회복세만으로 금리를 올렸다가는 통화가치 절상에 따른 역풍을 맞을 수 있다. 미 연준이 2015년 12월부터 2018년 12월까지 기준금리 인상을 지속했지만, 최근에는 금리 상승과 달러화 강세로 제조업과 수출이 둔화되고 있는 것이 대표적인 사례다. 미국을 제외한 다른 국가들이 여전히 통화완화 기조를 유지하고 있는 상황에서 미국 혼자만이 나 홀로 통화긴축을 지속할 수는 없는 것이다.

이러한 세계경제의 구조적인 저성장 기조를 감안하면 장기적으로 시장금리가 하락세를 지속할 것으로 예상되며, 이러한 전망에서는 장기 대출을 받을 때 고정금리보다는 오히려 변동금리가 유리하다고 할 수 있다. 최근에는 일시적으로 고정금리가 변동금리보다 낮지만, 일반적으로 대출 시에는 변동금리보다 고정금리가 더 높게 책정

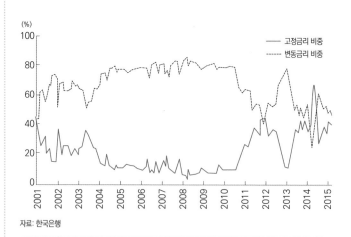

▶ 신규 대출 시 고정금리와 변동금리 비중

— 고정금리 비중
---- 변동금리 비중

자료: 한국은행

> 2015년에는 안심전환 대출로 인해 고정금리의 대출 비중이 늘어나
> 는 모습을 보였다. 다만 은행의 대출금리는 일반적으로 고정금리가
> 변동금리보다 높게 형성되어 있어 변동금리가 고정금리보다 높아지
> 기 위해서는 금리 상승세가 빠르게 나타나야 한다.

된다.

또한 설령 금리가 더 오른다고 하더라도 그 폭은 제한
적일 것으로 예상된다. 향후 금리 상승세가 지속될 경우
에는 역설적으로 세계경제가 다시 어려움에 빠지고, 한국
경제는 가계부채의 부실화가 예상되기 때문에 이내 금리
는 더 크게 하락할 수밖에 없을 것이다. 따라서 지금은 추
가적인 금리 상승 가능성보다는 금리 하락 가능성을 좀
더 크게 보는 것이 바람직해 보인다.

만약 금리 상승의 리스크를 꼽으라고 한다면 북한과의 관계가 어떻게 될 것인지가 변수가 될 수 있다. 최근 북한은 국제사회에 비핵화 의지를 내비치며 개방에 나설 움직임을 보이고 있으며, 미국과의 대화도 활발하게 진행되고 있다.

현재로서는 남북관계가 통일보다는 경협으로 진행될 가능성이 높아 보인다. 이로 인해 북한경제의 재건을 위해 대규모의 자금이 필요하게 된다면, 이는 국내 경제에서 총수요의 비약적인 증가를 가져올 수 있으며 정부의 채권 발행도 늘어날 개연성을 높인다. 다만 남북 경협이 기대에 못 미칠 가능성이 있고, 남북관계는 워낙 예측이 어려운 만큼 이에 대한 영향은 계속해서 지켜보는 것이 현명해 보인다.

전세로 살 바에는 내 집을 마련하자

한국에는 부동산시장에 관해서는 둘째가라면 서러워할 정도로 많은 전문가들이 있다. 집 문제는 생활과 바로 직결되기 때문에 일반인들의 관심 역시 매우 높을 수밖에 없다. 그런 면에서 부동산시장에 대해 무엇인가를 이야기한다는 것은 참으로 부담스러운 일이 아닐 수 없다.

하지만 금리와 관련된 업무를 오랫동안 해온 결과, 부동산시장에 대해 가지고 있는 한 가지 소신은 집값이 오르든 떨어지든 자기가 거주할 집 한 채는 반드시 있어야 한다는 것이다. 저금리 기조일 때 집을 가지고 있지 않은 것은 부동산에 대해 '매도포지션'을 취하는 것과 같기 때문에 집이 한 채라도 있어야 중립적인 포지션이 된다. 두 채 이상의 집을 사서 매수포지션을 취하느냐는 선택의 문제지만, 적어도 중립적인 포지션에는 있어야 한다고 생각한다.

물론 현실적으로는 쉽지 않은 일이기도 하다. 일반 봉급생활자가 수도권에 제대로 된 집 한 채를 마련하기 위해서는 적어도 10년 이상을 꾸준히 저축하지 않고서는 불가능하기 때문이다. 하지만 향후 금리 하락세가 재개된다면 다시 전세가격과 매매가격의 차이가 줄어들 것으로 예상되기 때문에 다소 빚을 지더라도 내 집 마련을 목표로 하는 것이 낫다. 일각에서는 대한민국의 집값이 버블이기 때문에 현재 집을 사는 것은 어리석은 행동이라고 주장하는 사람들도 있다. 이른바 PIR(가구소득 대비 주택가격 비율)을 살펴보면, 서울 지역 주택은 2018년 9월 기준으로 약 13.4배(소득 3분위 기준)로 고점 부근에 도달해 있는 것이 사실이다. 그러나 금리와 전세가격과의 관계, 전세가격과 매매가격과의 관계를 살펴보면 집값이 원하는

PIR

Price to Income Ratio 의 약자로 가구소득 대비 주택가격 비율을 말한다. 연평균 소득을 반영한 특정 지역 또는 국가 평균 수준의 주택을 구입하는 데 걸리는 시간을 의미한다.

만큼 폭락하기에도 참으로 어려운 상황이다.

앞서 이야기한 것처럼 향후 저금리 기조가 불가피한 상황에서 시중에 풍부한 유동성은 부동산과 같은 자산시장으로 몰릴 수밖에 없다. 또한 저금리는 수급적으로도 전세의 품귀현상을 만들면서 전세가격을 더욱 상승시킬 가능성이 크다. 즉 세입자 입장에서는 2년 만에 돌아오는 재계약 시점마다 많게는 수천만 원의 전세금을 올려주어야 하는 압박에 시달릴 것이라는 이야기다.

이처럼 전세가격이 매매가격에 다시 근접하게 되면, 일부는 더 낮은 가격의 전세를 찾기 위해 이주를 반복하는 전세난민으로 전락하거나 아니면 뒤늦게 무리해서라도 집을 사는 쪽을 택하게 될 것이다. 또한 전세가격이 매매가격에 근접하게 되면 집값이 폭락할 가능성도 줄어들며, 만약 집값이 폭락한다면 깡통주택이 되면서 전세금을 돌려받지 못할 가능성도 함께 커진다.

예전에는 집이 투자수단이었다면, 지금은 '의식주'라는 기본 생활의 일부분이다. 필요에 의해 시기에 따라 주거지를 옮기는 것도 대안이 될 수 있겠지만, 안정적인 주거지를 마련하는 것은 삶의 질을 높일 수 있는 방법 중 하나다. 2020년까지는 수도권 지역에서 주택공급과 입주물량이 크게 늘어나니 이때를 활용하기를 바란다.

향후 10년, 자산가격 인플레이션에 대비하자

국내에서 인구 고령화가 빠른 속도로 진행됨에 따라 한국 부동산시장도 1990년대 일본과 같이 폭락할 것이라는 주장이 심심치 않게 제기되고 있다. 최근 정부의 강력한 대출규제 등으로 부동산시장이 다시 약세를 보이자 이 같은 주장도 다시 목소리를 높이고 있다. 더욱이 최근에는 수도권을 중심으로 대규모의 주택공급이 이루어짐에 따라 경기위축과 맞물려 위기론이 다시 등장하고 있다.

하지만 유럽에서도 일본처럼 고령화가 진행되었지만, 부동산가격은 폭락하지 않았다. 이를 통해 고령화가 반드시 부동산시장의 폭락으로 연결되는 것은 아님을 알 수 있다. 일본은 1985년 플라자 합의(Plaza Accord)에 따른 엔고 부담으로 1986년부터 저금리 정책이 시작되었으며, 이로 인해 주식시장과 부동산시장이 버블을 보이게 되었다.

당시 일본의 주식시장 시가총액은 1989년 한때 GDP의 150%까지 상승했으며, 지가는 1985년 대비 1990년에는 전국 평균으로 5배 상승했다. 지역별로는 도쿄, 오사카, 나고야 같은 3대 지역의 상업지는 약 3배가 올랐으며, 택지는 약 11배가 급등했다. 이로 인해 1990년부터 부동산시장에서는 총량 융자 규제와 지가세 등 강도 높은 규제가 시작되면서 버블이 붕괴되었다.

플라자 합의
1985년 9월 22일 미국의 달러화 강세를 완화하려는 목적으로 미국·영국·독일·프랑스·일본 등 G5의 재무장관들이 맺은 합의다.

하지만 한국의 경우 주식시장의 시가총액은 GDP 대비 100% 미만에 불과하며, 주택시장 역시 서울 평균 수준으로 PIR이 13.4배 수준으로 극단적인 버블 상황은 아니다. 가계부채 규모가 계속 늘고 있다는 점이 향후 불안요인이기는 하지만, 기본적으로 저금리 기조가 이어지는 상황에서 단기간에 자산가격이 폭락하고 가계부채가 부실화될 가능성은 낮아 보인다.

통화론자인 밀턴 프리드먼은 일찍이 "인플레이션은 언제 어디서나 화폐적인 현상이다."라고 말했다. 수요와 공급의 기본 법칙대로 통화량이 늘어나면 돈의 가치는 떨어질 수밖에 없으며, 이로 인해 재화나 서비스의 가격이 상승하는 인플레이션이 나타나게 되는 것이다.

하지만 돈의 가치가 모든 재화와 서비스에 대해 무차별적으로 하락하는 것은 아니다. 공유경제나 정보기술의 발달로 재화와 서비스의 저가 경쟁이 치열해지면서 전반적으로 소비재에 대한 소비자물가는 낮은 수준에 머물 것으로 보인다. 반면 돈의 가치는 주식·채권과 같은 금융자산과 토지·부동산과 같은 실물자산 대비로 떨어지면서 이른바 '자산가격 인플레이션'이 심화될 것으로 예상된다.

소비재
사람들이 욕망을 채우기 위해 일상생활에서 직접 소비하는 재화를 말한다.

지난 2016년 6월에도 한은이 금리 인하에 나서자 이후 금융시장과 부동산시장이 크게 들썩이는 모습을 보인 바 있다. 당시 2016년 들어 급격하게 위축되었던 부동산 거래는 다시 늘어났으며, 아파트 분양시장에서도 청약률이 몇십 배에 이르면서 과열 현상을 보였다. 주식시장 역시 2016년 6월의 브렉시트 결정 이후에도 오히려 주요국의 통화완화 기조가 강화되면서 고점 부근까지 상승세를 지속했다.

이후 한국은행이 2017년 11월, 2018년 11월의 두 차례에 걸쳐 기준금리를 1.75%로 올려놓았지만, 현재로서는 추가적인 금리 인상 가능성은 낮아 보인다. 이제 미국의 금리 인상 사이클도 마무리 국면에 접어든 것으로 보이며, 다시 금리 인하 사이클로 전환될 시기가 멀지 않았다. 국내에서도 이러한 미국의 통화 정책 기조를, 시차를 두고 추종할 가능성이 크다.

따라서 향후 금리 인하 사이클이 재개된다면 금융자산과 실물자산의 가치는 다시 상승할 것으로 예상된다. 예를 들어 만약 월세 수익률로 4%를 주는 상가 건물이 있다면 향후 저금리 기조로 인해 월세 수익률은 3%로 떨어지게 될 것이다. 이는 월세 자체가 낮아져서가 아니라 상가 건물의 가격이 높아지는 형태로 나타나는 것이다. 즉 연간 2천만 원의 월세를 주는 상가 건물이 5억 원이라면, 앞으로는 월세는 2천만 원으로 변함이 없고 상가가격이 6억 7천만 원이 되면서 월세 수익률이 떨어질 것이라는 이야기다.

이러한 상황에서는 실물자산이나 금융자산의 비중을 늘려야 한다. 특히 안정적인 현금흐름을 가져다주는 수익형 부동산이나 고배당 주식의 경우에는 그 가치가 더욱 올라갈 것으로 보인다. 다만 수익형 부동산의 경우 입지나 주변 환경에 따라 수익성은 달라질 수 있으니 최종적으로 선택할 때는 신중해야 할 필요가 있다. 중요한 것은 저금리 기조로 인해 전반적으로 금융자산과 실물자산의 가치는 상승세를 지속할 가능성이 크다는 점이다.

수익형 부동산

주기적으로 임대 수익을 얻을 수 있는 부동산으로 펜션, 소호 사무실, 원룸 등을 예로 들 수 있다.

장기 고정 현금흐름을 확보하자

채권시장에는 듀레이션이라는 개념이 있다. 쉽게 설명하면 채권에 투자했을 때 발생하는 현금흐름을 가중 평균한 만기로서 금리 변화에 따른 채권가격의 민감도를 측정하는 수단으로 사용된다. 채권금리와 채권가격이 서로 역의 관계에 있다는 것은 1장 '펀드매니저 TIP'에서 이미 설명한 바 있으며, 금리 변화 시 듀레이션이 클수록 채권가격의 변화 폭도 커지게 된다. 따라서 향후 시장금리가 하락할 것으로 예상된다면, 가능한 듀레이션이 긴 채권을 사서 금리 하락 시 채권가격의 상승 폭을 극대화시키는 전략을 주로 쓴다.

그렇다면 향후 금리 하락 기조가 나타날 것으로 예상된다면, 어디에 투자하는 것이 가장 효과적일까? 일단 가장 손쉬운 방법은 장기 채권을 사는 것이다. 현재 국내에서는 사실상 국고채 30년물이 가장 만기가 긴 채권이다. 최근에는 국고채 50년물도 발행되고 있으나, 아직 거래는 활발하지 않다. 국고채 30년물의 경우 지난 2012년 9월 11일에 3.02%에서 발행된 이후 2013년 12월에는 한때 4.045%까지 금리가 상승하면서 1년 만에 20%에 육박하는 평가손실을 보기도 했다. 하지만 그 이후로는 금리가 계속해서 하락해 지금은 30년 국채 금리가 2.00%대 전후에 불과하며, 발행 당시 채권을 매입해서 지금까지 보유한 투자자의 경우에는 3%의 이자 수익과 20%가 넘는 시세차익을 누리고 있다.

현재 국고채 30년 금리는 이미 2.00% 수준까지 낮아져서 개인 투자자가 투자하기에는 부담스러워졌다. 따라서 장기채와 마찬가지로 고정적인 현금흐름이 최대한 길게 나타나는 포트폴리오를 만들어내는 것도 하나의 방법이다. 안정적인 월세를 받을 수 있는 오피스텔과 같은 수익형 부동산이나 고배당주 주식 등은 고정적인 현금흐름을 만들어낼 수 있다. 상가의 경우에는 관리가 복잡한 건물한 채보다는 목이 좋은 1층 상가를 여러 개 소유하는 것이 유리할 수도 있다. 또한 최근 예정이율이 소폭 높아진

평가손실
자산을 재평가한 금액이 매입가격보다 적어서 생기는 손실이다.

보험사의 개인연금도 괜찮다. 결국 금리 하락 추세가 재개되는 상황이라면 어떤 때는 크게 이익이 나고, 어떤 때는 크게 손해가 나는 변동성이 큰 투자 상품보다는 수익이 적더라도 오랫동안 안정적인 수익을 내주는 투자처가 유리할 것이다.

보험회사 선택에 신중을 기하자

저금리 기조가 장기화되면서 가장 어려움을 겪는 산업이 바로 금융업과 보험업이다. 금융업의 경우 저금리로 인해 대출금리는 함께 낮아지지만, 예금금리는 다른 금융기관과의 경쟁으로 인해 크게 낮추지는 못한다. 이로 인해 은행의 NIM(순이자마진)이 상승하는 데 한계가 있으며, 금융업 전반으로 수익을 내기가 쉽지 않을 것이다.

특히 보험사는 저금리가 지속되면 장기적으로는 생존을 위협하는 상황까지 이를 수 있다. 생명보험사의 경우 고령화로 인해 생명보험사의 보험금 부담이 늘어나는 반면에, 저금리로 인해 보험료를 마땅하게 운용할 만한 투자처를 찾기는 더욱 어려워지고 있다. 더욱이 보험사 입장에서는 각종 건전성비율 규제가 심화되면서 자산운용에 제약조건이 많아지고 있다.

NIM

Net Interest Margin의 약자로 순이자마진을 말한다. 은행 등 금융기관이 자산을 운용해 낸 수익에서 조달비용을 뺀 나머지를 운용자산 총액으로 나눈 수치로 금융기관의 수익성을 나타내는 지표다.

▶ 주요 은행의 순이자마진 추이

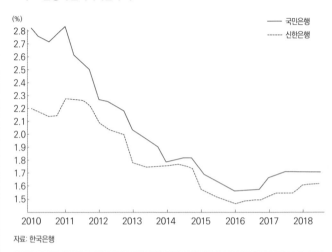

자료: 한국은행

2016년 이후 주요 은행권의 순이자마진(NIM)이 다소 상승하기는 했으나, 여전히 낮은 수준에 머물러 있다. 앞으로도 저금리 기조가 이어질 것으로 보여 금융권의 수익성이 크게 개선되기는 어려워 보인다.

　　이런 환경에서 저금리가 장기화되고 추가로 금리가 더 하락한다면 일부 자산건전성이 떨어지는 생명보험사는 최악의 상황에 직면할 수도 있다. 과거 일본의 경우에도 저금리 기조가 장기화되면서 보험사가 도산하기에 이르게 된 선례가 국내에서도 나타날 수 있다는 것이다. 따라서 개인연금이나 생명보험에 가입할 때 보험회사 선택에 신중을 기할 필요가 있다. 장기적으로 보았을 때 안정적으로 자산을 운용할 수 있고, 노후에까지 자신이 납입한 보험료를 잘 관리해 보험금과 연금을 지급할 수 있는 회사인지 꼼꼼히 따져보아야 한다는 것이다.

이때 보험회사 선택의 기준은 단순히 네임밸류나 회사 규모가 중요한 것이 아니라 RBC(Risk-Based Capital)라고 하는 건전성비율 지표를 최우선으로 봐야 한다. 2022년부터 보험회사에는 새로운 회계 기준이 적용되는데, 이러한 변화만으로 보험회사의 자산과 부채에 대한 평가가 크게 달라지므로 이에 대한 영향력을 살피는 것이 중요하다. 경우에 따라서는 대규모의 자본 확충이 필요할 수 있어 자본금 증자 여력이 높은 은행 계열의 보험사가 상대적으로 안정적이라고 할 수 있을 것이다.

RBC

Risk Based Capital의 약자로 위험기준자기자본을 말한다. 이는 자본적정성 지표인 지급여력 비율을 산정할 때 적용되는 것으로 보험회사가 보유하고 있는 총조정자본과 총필요자본액 간 비율을 뜻한다.

월급을 오래 받는 것도 훌륭한 재테크다

장기채를 사거나 개인연금에 가입하거나, 수익형 부동산에 투자할 정도로 충분한 자산을 가지고 있지 않다면 현실적으로 직장생활을 오래하는 것도 대안이 될 수 있다. 만약 연봉이 5천만 원인 직장인이라면 현재의 1.5%대 예금금리를 적용하면, 약 33억 원(5천만 원/0.015%)의 금융자산을 보유하고 있는 것과 같다. 향후 시중금리가 1%로 하락한다면 연봉 5천만 원의 가치는 금융자산을 약 50억 원

(5천만 원/0.01%)을 보유하고 있는 것과 같은 효과를 낸다. 월급을 받는 기간을 최대한 늘릴 수 있다면 듀레이션이 긴 장기 채권을 보유한 것과 같아진다고 할 수 있는 것이다.

물론 이러한 조언에는 독자들이 상당한 거부감을 느낄 수 있을 것이다. 기껏 해준다는 말이 월급쟁이 생활을 오래 하라는 것이냐는 원색적인 비난이 쏟아질 수도 있다. 필자 역시 월급쟁이로 살아가는 입장에서 이러한 결론은 매우 씁쓸하지 않을 수 없다. 더욱이 최근 취업 자체가 어려운 환경에서 직장생활을 오래 하라는 이야기는 그저 '성공하려면 열심히 해야 한다.'라는 당연한 이야기로 들릴 수 있다.

하지만 필자가 강조하고 싶은 것은 향후 금리가 하락하면 하락할수록 우리가 받고 있는 월급의 가치는 더욱 커진다는 점이다. 이른바 금수저를 물고 태어나서 사업을 벌일 수 있다거나, 또는 사업 아이디어가 획기적으로 좋아서 사업가로서 성장할 수 있는 사람들은 당연히 사업을 하는 것이 맞다. 사회 전반적으로 공무원과 같은 정년이 보장되는 안정적인 직장으로만 젊은이들이 몰리는 현상도 사회 발전에 바람직한 일은 아니다.

하지만 누구나가 다 사업가가 될 수 있는 것은 아니고, 누구나가 공무원 시험에 합격할 수 있는 것도 아니다. 누군가는 일반회사에서 조직생활을 하면서 기약 없는 봉급

생활자로 살아갈 수밖에 없다. 그러한 이들에게 금리가 낮아진다는 것은 월급이 주는 가치가 높아지는 것이기 때문에 힘든 조직생활을 버티는 일이 의미 없지는 않다고 말하고 싶다. 가장 바람직한 것은 최대한 조직생활을 오래 하면서 월급이 주는 가치를 누리고, 그 이후의 인생은 은퇴 이전에 미리 준비하는 것이 우리가 할 수 있는 최선의 대안이다.

요즘 금융업계에서도 제과제빵이나 바리스타와 같은 자격증을 준비하는 사람들을 심심치 않게 본다. 처음에는 꼭 그렇게까지 해야 하나 싶었지만, 그 사람들은 이미 현명하게 미래를 대비하고 있었던 것이라는 생각이 든다. 고령화 사회로 접어들면서 우리의 인생은 이제 한 가지 직업으로는 평생을 지내기가 어려워졌다. 자기가 속해 있는 조직에 해가 되지 않는 범위 내에서 두 번째 직업을 준비하는 일은 어쩌면 권리이자 의무가 아닐까.

공유경제, 무인화, 소비 양극화에서
비즈니스 기회를 찾자

최근 확산되고 있는 공유경제나 인공지능의 발달, 그리고 인터넷이나 TV 홈쇼핑 등을 기반으로 한 무점포 쇼핑몰은 앞으로도 계속해서 성장해나갈 것으로 예상된다. 특히 공유경제는 기존의 소비 패러다임을 완전히 바꿀 것이다. 이미 에어비엔비(airbnb), 우버(uber), 쏘카(socar) 등은 우리 실생활에서 자주 이용되고 있으며, 이런 공유경제 서비스는 신규 제품에 대한 수요를 줄일 수밖에 없다. 경제 규모는 그대로인데 신제품에 대한 수요가 줄어든다면 결국 재화나 서비스를 제공하는 입장에서는 가격 경쟁이 더욱 치열해질 것이다.

이처럼 저물가 기조가 상당 기간 고착화된다면 재화와 서비스의 경쟁력은 '싸게, 더 싸게'를 추구할 수밖에 없다. 일본이 잃어버린 20년 동안 보여준 소비패턴은 100엔숍, 유니클로 등으로 대표되는 저가제품들이다. 한국에서도 이러한 저가제품들의 인기가 갈수록 높아질 것이다. 정보기술의 발달로 무점포 쇼핑몰이 일반화되면서 생산에서 판매까지 유통체계가 간소화된 것도 이전보다 제품 단가를 크게 낮출 수 있는 요인이다.

이 가운데 지난 2016년에 화제가 되었던 구글 딥마인드의 인공지능 컴퓨터인 '알파고'와 인간 대표 이세돌의 바둑 대결은 인공지능이 인간의 노동력을 대체할 만한 시간이 멀지 않았음을 시사한다. 인공지능이 발달하면서 새로 만들어지는 일자리가 인간의 노동력을 대체해 사라지는 일자리 수보다는 훨씬 적을 수밖에 없을 것이다. 앞으로는 비용을 감소시키기 위해 로봇이나 무인 산업의 발전이 빠르게 늘어날 것으로 예상된다. 특히 최근 최저임금의 급격한 인상으로 인해 키오스크와 같은 무인화 시스템이 더욱 확산될 것으로 전망된다.

한편 소득의 양극화로 인해 고급 사치품에 대한 수요 역시 늘어날 것으로 보인다. 경기불황이 길어지고 있음에도 고급 화장품이나 성형 등 뷰티산업과 관련된 소비는 해마다 증가하고 있으며, 수입차의 판매 증가율도 꾸준히 상승하고 있다. 결국 미래의 소비는 '매우 싸거나, 아니면 매우 비싸거나'라는 양극화된 소비 패턴을 보이게 될 것이다.

따라서 비즈니스 관점에서는 어느 쪽에 타깃팅을 할 것인지를 명확하게 해야 실패 확률을 줄일 수 있을 것이다. 아예 저가 소비를 겨냥하는 쪽으로 사업 아이템을 잡는다면 공유경제나 렌털 서비스, 로봇 또는 무인 시스템 등과 연관된 사업이 유망할 것이며, 반대로 고가품으로 아이템을 잡는다면 초호화 럭셔리 비즈니스가 경쟁력 있을 것이다. 어떠한 형태로든 애매한 콘셉트는 실패하기 쉽다는 점을 명심하자.

중국계 자금의 공습에 대비하자

한때 사드(THAAD; Terminal High Altitude Area Defense) 배치 문제로 중국과 갈등을 빚으면서 중국 관광객이 크게 감소하기는 했지만, 여전히 중국인은 한국을 찾는 가장 많은 관광객이다. 과거 일본인으로 가득 찼던 명동의 쇼핑거리는 이제 중국인이 점령한 지 오래되었다. 오죽하면 명동이 '명나라 동네'의 약자라는 우스갯소리가 들리겠는가? 중국 관광객들이 국내 백화점이나 할인점 매출에 기여하는 비중이 점점 커지고 있으며, 이는 한국경제가 중국인의 민간소비에 점점 더 많이 의존하게 되었음을 시사한다.

이러한 모습은 금융시장에서도 마찬가지다. 현재 국내 원화채권의 가장 큰 채권 국가는 중국이다. 3조 달러가 넘는 막대한 외환보유고를 가지고 있는 중국은 외환보유고 다변화 차원에서 2010년부터 꾸준하게 원화채권에 투자해 왔으며, 앞으로도 중국의 원화채권 투자는 계속해서 확대될 것으로 예상된다.

국내 M&A시장에서도 중국계 자금의 유입은 더욱 거세질 것으로 보인다. 동양증권이 대만의 유안타그룹에 인수되어 유안타증권으로 바뀌었으며, 대만의 빅(big)3 보험사 중에 하나인 푸본생명은 현대라이프의 대주주가 되어 사명을 '푸본현대생명'으로 개명했다. 중국의 안방보험은

중국의 원화채권 투자
외국인은 2016년 8월 현재 98조 원가량의 원화채권을 보유하고 있으며, 이 중에 중국이 가장 많은 비중을 차지하고 있다.

이미 동양생명과 알리안츠생명을 손에 넣었다. 이처럼 앞으로 중국계 자금의 국내 시장 진출은 어떠한 형태로든지 더욱 가속화될 것으로 예상된다.

이런 상황에서는 적어도 자식들에게 중국어 공부를 필수로 시키는 것이 현명한 일일지도 모른다. 실제로 최근 금융권에서 신입사원으로 들어오는 직원들을 살펴보면 과거에는 영어권 국가에서 유학한 친구들이 많았지만, 요즘은 중국 유학생 출신의 비중이 높아지고 있다. 어느덧 영어는 기본이고 중국어가 필수인 시대가 오고 있음을 받아들여야 한다.

해외투자로 눈을 돌리자

국내에서 저금리 기조가 고착화된다는 것은 결국 성장성이 떨어진다는 의미다. 이러한 상황에서는 성장이 정체된 국내에 머물지 말고 성장성이 높은 해외로 눈을 돌려야 한다. 그동안 주요 선진국의 자금이 국내 시장으로 들어왔던 이유도 결국 그들 경제권의 성장률이 낮아지고 저금리 기조로 들어가면서 그들보다는 높은 이자율과 성장성을 가진 한국을 투자처로 삼았기 때문이다. 바야흐로 이제는 우리도 해외투자를 확대할 때가 된 것이다.

그렇다면 어디에 투자를 할 것인가? 해외투자의 첫걸음은 지리적·문화적으로 가까운 아시아 신흥국에서 시작하는 것이 바람직하다. 최근 한창 인기를 얻고 있는 브라질 채권 투자의 경우 이자면세 혜택과 두 자릿수의 고금리는 매력적이지만, 중요한 것은 그 나라 경제 상황을 정확하게 판단하기가 쉽지 않다는 점이다. 물리적으로도 지구 반대편에 있는 국가이며, 거래 시간도 다르다는 사실은 여러 가지 제약 조건으로 작용한다.

반면 아시아 신흥국 중에서도 잘 찾아보면, 안정적이고도 꽤 높은 수익률을 제공해주는 국가들이 많다. 이들 국가들은 아시아권에 위치해 지리적으로도 가깝고 거래시간도 비슷하기 때문에 시장에 접근하기도 편하다. 특히 인도네시아의 경우에는 인구 2억 5천만 명이라는 거대한 잠재시장 속에 여러 가지 인프라스트럭처에 대한 투자 수요가 지속될 것으로 보여 성장성이 기대된다. 또한 최근 박항서 감독이 이끄는 베트남 축구팀의 선전으로 우리에게는 더욱 친숙해진 베트남도 기회의 땅이다.

해외투자는 환율에 대한 변동성이 따르는 만큼 신중에 신중을 기할 필요가 있다. 하지만 더 이상 위험을 감수하지 않고 수익을 낼 수 있는 곳은 없다. 이제는 환 위험을 적극적으로 수용하면서 재테크의 투자 영역도 점차 넓혀가야 할 것이다.

지금까지 언급한 내용들은 필자가 평소에 생각했던 것
들을 두서없이 나열해본 것이다. 물론 현재 금리가 말하
는 미래가 잘못된 것이고, 오히려 장밋빛 미래가 예정되
어 있을지도 모를 일이다. 하지만 미래에 대한 준비는 어
두운 전망에 필요한 것이지 밝은 미래에는 필요하지 않
다. 이 책을 읽는 독자들이 냉정하게 미래의 모습을 상상
해보고, 지금 당장 우리가 할 수 있는 일이 무엇인지를 고
민하는 계기가 되기를 바란다.

부동산시장을 파악할 때 유용한
벌집순환모형

벌집순환모형(honeycomb cycle model)이란 주택의 가격과 거래량을 근거로 부동산 경기가 중장기적인 관점에서 벌집 모양의 6각 패턴(6개 국면)으로 순환한다는 이론이다. 1994년 네덜란드에서 처음 제시되어 국내에 소개되었다. 국내 부동산시장의 실정과는 맞지 않다는 비판도 있지만, 부동산 경기의 흐름을 판단하는 지표로는 나름 유용하다. 벌집순환모형에 따르면 부동산시장은 거래량과 가격 흐름에 따라 '경기회복(1국면)', '경기호조(2국면)', '침체가시화(3국면)', '침체본격화(4국면)', '경기불황(5국면)', '회복진입(6국면)', '경기회복(1국면)'의 순환흐름을 보인다.

먼저 1국면(회복기)에서는 경제가 성장하고 경기 전망이 좋아지면서 주택거래량이 늘어나고 가격은 상승한다. 주택 수요도 늘어나고 공급자가 공급을 확대해도 입주하는 데 2~3년이 걸리기 때문에 수요 초과와 공급 부족으로 인해 거래량이 증가하고 가격도 상승한다.

2국면(활황기)에서는 향후 경기에 대한 비관적인 전망

214

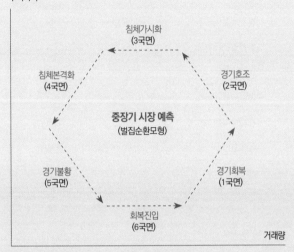

▶ 벌집순환모형 순환도

주택가격

침체가시화
(3국면)

침체본격화
(4국면)

경기호조
(2국면)

중장기 시장 예측
(벌집순환모형)

경기불황
(5국면)

경기회복
(1국면)

회복진입
(6국면)

거래량

자료: 이데일리

이 서서히 나타나면서 거래량은 줄어드는 반면 가격은 상승세를 유지한다. 공급자들은 신규 착공을 줄이고 수요자는 이사 계획을 연기하면서 거래량이 줄어든다. 하지만 일부 수요자는 가격이 더 오를 것으로 보고 주택을 구입하면서 일시적으로 가격은 더 상승한다.

3국면(침체진입기)은 거래량이 줄어들고 가격은 보합세를 유지하는 국면이다. 신규 착공이 중단되고 주택 수요도 위축되어 거래량이 크게 줄어든다. 하지만 1국면에서 착공한 주택에 수요자가 입주하기 시작하면서 공급은 점차

▶ 벌집순환모형 각 국면에서의 거래량 증감과 가격 등락

벌집순환모형 6개 국면	거래량	가격
경기회복(1국면)	증가(↑)	상승(↑)
경기호조(2국면)	감소(↓)	상승(↑)
침체가시화(3국면)	감소(↓)	정체(=)
침체본격화(4국면)	감소(↓)	하락(↓)
경기불황(5국면)	증가(↑)	하락(↓)
회복진입(6국면)	증가(↑)	정체(=)

자료: 이데일리

증가하게 된다.

4국면(침체기)에서는 가계에서 경기불황을 본격적으로 체감하면서 가격이 하락하고, 거래량도 줄어든다. 주택 수요자들은 가격이 더 내릴 것으로 기대하고, 공급자들은 공급을 더욱 줄이지만, 이미 착공했던 주택의 입주물량이 쏟아져 나오면서 가격은 하락하게 된다.

5국면(불황기)은 가격은 계속 떨어지지만 거래량은 늘어나는 국면이다. 공급자는 경기가 바닥이라고 판단하고 착공을 늘리지만, 분양 수요는 쉽게 살아나지 못한다. 기존 주택의 경우에는 오히려 수요와 공급이 늘어 거래량이 증가하기 시작한다.

6국면(회복진입기)에서는 경기가 회복되기 시작하면서

▶ 주택거래량 증가율 vs. 주택가격 상승률

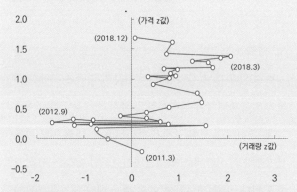

위의 차트는 2010년 이후 분기 말 가격과 거래량을 각각 표준화해 해당 월 지표가 평균과 대비해 어떤 상황인지, 또 어느 정도 멀리 떨어져 있는지를 보여준다. 최근 상황은 가격은 정체되는 가운데 거래량은 급격하게 떨어지는 3국면(침체가시화)으로 보인다.

가격은 보합세를 보이는 가운데, 거래량도 조금씩 늘어나기 시작한다. 수요가 소폭 늘어나지만 공급도 증가하기 때문에 가격은 보합세를 보이고, 거래량은 증가하는 모습을 보인다.

그렇다면 현재 부동산시장은 어느 국면에 놓여 있을까? 지난 2015년에는 청약 열풍으로 부동산시장이 활황을 보이면서 주택가격과 주택거래량이 모두 큰 폭으로 상승하는 1국면(경기회복)이 시작되었다. 이후 2016년에는 한국은행이 금리 인하를 단행하고, 수도권 아파트의 공급 부족이 심화되면서 거래량 가격 상승이 동반되는 2국면(경기호황)을 보였다.

하지만 2018년 하반기 들어 정부의 잇따른 부동산 대책이 발표되면서 부동산시장은 다시 소강상태에 접어들었다. 특히 소득세법 규제가 강화된 9.13 대책 이후 부동산거래량은 하락세로 접어들면서 3국면(침체가시화)을 보이고 있다. 이를 감안하면 향후 주택 매입 시점은 주택가격은 여전히 하락하지만, 주택거래량은 다시 늘어나는 5국면(경기불황)까지 기다릴 필요가 있다. 현재로서는 향후 금리정책의 변화 시점과 부동산시장 안정대책 등을 살펴가면서 매수 타이밍을 조율하는 것이 바람직할 것이다.

Q 『금리는 경제의 미래를 알고 있다』를 소개해주시고, 이 책을 통해
독자들에게 전하고 싶은 메시지는 무엇인지 말씀해주세요.

A 일반적으로 금리는 경기 흐름에 동행하거나 또는 후행하는
것으로 인식되는 경우가 많은데요. 제가 오랫동안 채권시장
에 몸담으면서 느낀 소감은 금리에는 미래의 경제 상황이 투
영되어 있다는 것입니다. 특히 금리에도 종류가 많은데 각 금
리 간의 스프레드에는 중요한 정보들이 많이 담겨 있어서 금
리 스프레드의 변화만 살펴보아도 미래의 경제 상황을 예상
해볼 수 있습니다. 결론적으로 현재 금리에 반영된 미래의 경
제 상황은 어두운 것이 사실이지만, 이 책을 통해 정책 당국
자와 독자들이 미래를 고민해보고 이를 대비하기 위해 노력
하는 계기가 되었으면 합니다.

Q 시중에 나가보면 미래를 전망하고 있는 책들이 무수히 많습니다. 경쟁도서들과의 차별점이 있다면 무엇인가요?

A 이 책은 금리의 기본 개념부터 출발해서 어떻게 각 금리 간의 스프레드가 미래의 경제 상황을 반영할 수 있는지에 대한 원리를 설명합니다. 또한 현재 금리가 말하는 미래의 경제 상황을 세계경제와 한국경제로 나누어 살펴보고, 이에 대비한 현실적인 대응책들도 제시하고 있습니다. 더욱이 책의 중간중간에 채권시장에 관한 기본 상식부터 통화 정책에 대한 이론적 내용까지 함께 담아서 하나의 교과서로도 손색이 없을 것입니다. 채권시장 전문가나 통화 정책 담당자들에게도 마이너스 금리 채권과 글로벌 통화 정책에 대한 내용들이 도움이 될 것입니다.

Q 일반적으로 주가가 선행하는 지표이고, 금리는 동행 또는 후행하는 지표로 인식되는 경우가 많은데요, 자세한 설명 부탁드립니다.

A 주가의 흐름을 보면 작은 모멘텀의 변화 또는 그 가능성만으로도 매우 민감하게 움직이는 모습을 발견할 수 있습니다. 반면 금리의 경우에는 실제로 펀더멘털의 변화가 나타난 후 자금의 흐름으로 연결되어야 움직이는 속성이 있습니다. 또한 금리 변화에 직접적인 영향을 미치는 통화 정책의 경우 후행하는 경향이 강합니다. 과거 경험상 중앙은행이 결정하는 기준금리는 대부분 경기 상황에 후행해 금리 인하나 금리 인상

이 뒤따르는 경우가 많았기 때문에 금리를 후행지표로 인식하는 것입니다. 그러나 금리 자체가 아니라 각 금리 간의 스프레드를 보면 금리를 더 이상 후행지표라고 볼 수 없습니다.

Q 각 금리 간의 스프레드를 보면 결코 후행적이지 않다고 하셨는데요, 좀 더 자세하게 설명해주시겠습니까?

A 금리에는 여러 종류가 있으며 각 금리 간의 스프레드에는 중요한 정보들이 많습니다. 예를 들면 장단기 스프레드는 미래의 경제 상황을 반영하고, 신용 스프레드는 신용 여건을 나타냅니다. 또한 국가 간의 금리 스프레드는 재정 건전성을 나타내고, 물가채의 BEI에는 인플레이션 기대치가 반영되어 있습니다. 따라서 금리 스프레드의 변화는 미래의 경제 상황을 예고한다고 할 수 있습니다. 가장 대표적인 예로 지난 2008년 금융위기 때도 미국의 장단기 금리 차가 이미 2006년부터 역전되면서 금융위기를 예고한 바 있습니다. 당시 장단기 금리 차의 역전에 대해 대부분 경제전망보다는 수급 상황을 반영한 것이라는 시각이 우세했고, 통화 정책의 마에스트로라고 불리던 앨런 그린스펀 연준 의장조차도 정확히 원인을 알지 못했습니다. 하지만 그후 불과 2년 만에 글로벌 금융위기가 발생했으니, 장단기 금리 차가 보내는 신호를 무시해서는 안 될 것 같습니다.

Q 금리는 기본적으로 '돈의 가치'라고 하셨는데요, 어떻게 이해하면 좋을까요?

A 돈을 빌려주는 사람의 경우 금리란 '현재의 구매력을 포기하고 돈을 빌려준 대가로 요구하는 일종의 요구수익률'과 같습니다. 반면 돈을 빌리는 사람 입장에서는 '돈을 빌려서 어딘가에 투자(사용)할 때 얻을 수 있는 기대수익률의 최저치'입니다. 결국 금리란 '돈을 빌리고 빌려주는 거래의 대가'이며, 이는 바로 '돈의 가치'를 의미합니다. 그래서 금리가 그 어느 것보다 경제 상황의 변화에 민감하게 반응하는 것입니다.

Q 금리가 결정되는 메커니즘을 좀 더 풀어서 설명해주시겠습니까?

A '오늘의 100만 원'과 '1년 후의 100만 원'을 비교하면 '오늘의 100만 원'의 가치가 더 높으며, 우리는 그 차이를 '화폐의 시간가치'라고 부릅니다. 금리란 바로 이러한 돈의 현재가치와 미래가치를 연결해주는 매개체입니다. 따라서 화폐의 시간가치가 클수록 금리는 높아지며, 반대로 화폐의 시간가치가 낮아질수록 금리도 낮아집니다. 예를 들어 소비자들이 미래의 소비보다는 현재의 소비를 선호하거나, 어떤 투자에 대한 기대수익률이 높아지거나, 향후 인플레이션이 발생할 것으로 예상되거나, 채무자의 신용위험이 높아지거나, 경제 전체의 통화량이 감소할 때 금리는 상승압력을 받습니다. 그 반대의 경우에는 하락압력을 받게 됩니다.

Q 금리가 말하는 미래는 어떤 모습인가요?

A 일단 결론적으로 현재 금리가 말하는 미래의 경제 상황은 어
두운 것이 사실입니다. 국내외적으로 장단기 스프레드가 축
소 흐름을 지속하고 있다는 것은 세계경제 전반으로 저성장
기조가 지속될 것임을 의미합니다. 특히 미국의 경우에는 경
기 둔화 국면이 머지않은 것으로 보입니다. 또한 주요국의 물
가채에 반영된 인플레이션 기대치를 살펴보면 아직도 여전
히 디플레이션 공포에서 완전히 벗어났다고 이야기하기에는
어려워 보입니다. 국내적으로는 0%대 금리가 시간문제로 보
이며, 향후 성장률도 1%대로 하락할 가능성이 높아 보입니
다. 실생활에 가깝게는 저금리 기조가 재개되면서 2021년 이
후에는 수도권 아파트의 전세가율과 집값이 다시 상승할 것
으로 예상됩니다.

Q 우리가 '금리가 말하는 미래'에 귀를 기울여야 하는 이유는 무엇인
가요?

A 현재 금리는 미래의 경제 상황을 어둡게 예상하고 있지만, 금
리가 말하는 미래가 항상 정확하고 늘 그대로 현실화되는 것
은 아닙니다. 때로는 금리에도 왜곡 현상이 생기고, 당연히
실제 모습이 금리가 예상한 것과 사뭇 달라지는 경우도 많습
니다. 하지만 적어도 현재 금리가 말하는 미래의 모습을 제
대로 알고 있어야 이에 상응하는 대책을 세우고 부정적인 전

망을 피해갈 수 있습니다. 우리가 금리가 말하는 미래에 귀를 기울여야 하는 이유는 예견된 미래의 모습을 제대로 알고 있어야 미래를 바꿀 수 있는 노력을 할 수 있고, 바꿀 수 없는 경우라면 여기에 대비할 수 있기 때문입니다.

Q 한때 일부 선진국의 국채 금리가 마이너스로 하락하면서 국채의 버블 붕괴에 대한 우려가 높아지기도 했는데요, 향후 국채 금리가 폭등할 가능성은 없을까요?

A 근본적으로 마이너스 금리 채권은 각국의 경쟁적인 통화완화 정책이 만든 부산물입니다. 자국의 통화가치를 떨어트리기 위해 통화완화를 지속하는 과정에서 일부 중앙은행들이 급기야 마이너스까지 기준금리를 낮추고, 양적완화로 시중의 채권을 마이너스 금리에 매입해주면서 그러한 상황이 벌어졌습니다. 중요한 것은 그 어느 누구도 통화긴축을 서두르려 하지 않는다는 것입니다. 미 연준이 2015년 말 이후 꾸준히 기준금리를 올려왔지만, 유럽이나 일본 등 주요 선진국들은 여전히 기준금리를 낮은 수준에서 유지하고 있습니다. 미국도 그동안의 금리 인상으로 경기 둔화 압력이 커졌기 때문에 이제는 금리 인상 사이클이 마무리 국면에 이른 것으로 보입니다. 결국 전 세계가 디플레이션 공포에서 완전히 벗어나서 주요국들이 경쟁적인 통화완화 정책을 멈추기 전까지는 글로벌 국채 금리도 낮은 수준에 머물 것으로 전망됩니다.

Q 우리나라는 미국의 통화 정책에 많은 영향을 받고 있습니다. 현재 미국의 기준금리가 한국보다 높아서 내외 금리 차가 역전되어 있는데요, 대규모의 자금이탈 가능성은 없을까요?

A 지난 2004년 5월 미국이 기준금리 인상을 시작할 때 국내에서는 거꾸로 두 차례 기준금리를 인하한 적이 있었으며, 2006년에는 미국과 한국의 기준금리 차이가 100bp나 역전된 적도 있었습니다. 이처럼 통화 정책이 차별적이었던 이유는 당시 원화강세가 지속되면서 내외 금리 역전에도 해외자금이 계속 국내로 들어왔기 때문입니다. 현재 상황도 대규모의 경상수지 흑자가 지속되는 가운데, 한국의 국가신용등급은 역대 최고치인 AA를 보이고 있습니다. 미국도 이제 경기둔화 국면이 다가오면서 금리 인상 사이클이 마무리 단계에 와 있기 때문에 추가로 내외 금리 차의 역전 폭이 확대되는 것은 제한적일 것으로 예상됩니다. 또한 국제자금이 이동할 때는 단순히 절대금리의 차이만을 보지 않습니다. 양국의 금리 차는 고스란히 선물환율에 반영되기 때문에 환헤지를 하고 나면 금리 차이는 사실 별 의미가 없습니다. 결국 국제자금의 이동을 결정하는 것은 단순한 금리 차이가 아닌 기대수익률입니다. 한국의 경우 국내 경제는 비록 부진하지만, 세계적으로 경쟁력이 높은 IT제조업과 건전한 재정 건전성을 지니고 있기 때문에 외국인 투자자에게는 여전히 매력적인 투자처로 여겨집니다.

Q 금리가 말하는 미래에 대해 우리가 어떠한 자세를 가져야 할까요?

A 금리가 말하는 미래가 어두운 것은 사실이지만, 그럼에도 불구하고 태양은 떠오르고 사람들은 일터로 향할 것입니다. 미래는 어느 한순간에 다가오는 것이 아니라 서서히 현실화되기 때문에 미래에 대한 대비라고 해서 특별할 것은 없습니다. 그저 저성장, 저물가, 저금리 기조를 추세로 받아들이고, 이에 대비한 삶의 패턴을 갖는 것이 중요합니다. 장기 대출 시에 변동금리를 선택하거나, 장기적으로 고정적인 현금흐름을 확보하도록 노력해야 합니다. 저금리로 인해 향후 몇 년간은 자산가격 인플레이션이 발생할 것을 염두에 두고 내 집을 마련하거나 금융자산과 실물자산의 투자를 늘리는 것이 좋습니다. 재산형성이 어렵다면 월급을 오래 받는 것도 훌륭한 재테크가 될 것이며, 해외투자에 관심을 두어야 할 것입니다. 또한 사업을 할 때는 공유경제, 무인화, 소비의 양극화에 맞추어 목표를 명확히 하는 것이 좋으며, 중국계 자금의 공습에 대비할 필요가 있습니다.

금리는 경제의 미래를 알고 있다

초판 1쇄 발행 2016년 9월 9일
개정 1판 5쇄 발행 2021년 7월 15일

지은이 | 박종연
펴낸곳 | 원앤원북스
펴낸이 | 오운영
경영총괄 | 박종명
편집 | 최윤정 이광민 김상화
디자인 | 윤지예
마케팅 | 송만석 문준영 이지은
등록번호 | 제2018-000058호(2018년 1월 23일)
주소 | 04091 서울시 마포구 토정로 222 한국출판콘텐츠센터 319호(신수동)
전화 | (02)719-7735   팩스 | (02)719-7736
이메일 | onobooks2018@naver.com   블로그 | blog.naver.com/onobooks2018
값 | 15,000원
ISBN | 979-11-89344-56-6 03320

이 도서의 국립중앙도서관 출판예정도서목록(CIP)은 서지정보유통지원시스템 홈페이지(http://
seoji.nl.go.kr)와 국가자료종합목록 구축시스템(http://kolis-net.nl.go.kr)에서 이용하실 수 있습
니다.(CIP제어번호 : CIP2019006969)